社会实践剪影

临安乡村振兴调研

和村干部交流

参观新农村

永康五金城调研

座谈交流

现代农机企业取经

诸暨农坊流转调研

瑞安三位一体
改革调研

缙云乡村调研

平湖农业龙头
企业调研

常山两山银行调研

桐乡稻虾轮作调研

XIANGCUN ZHENXING：
ZHEJIANG SHIJIAN DE DIANXING ANLI

浙江省高校新型智库地方财政研究院智库丛书

乡村振兴：
浙江实践的典型案例

余丽生 等 著

中国农业出版社
北 京

图书在版编目（CIP）数据

乡村振兴：浙江实践的典型案例 / 余丽生等著. —
北京：中国农业出版社，2023.1
ISBN 978-7-109-30318-8

Ⅰ.①乡… Ⅱ.①余… Ⅲ.①农村—社会主义建设—研究—浙江 Ⅳ.①F327.55

中国国家版本馆 CIP 数据核字（2023）第 002608 号

中国农业出版社出版
地址：北京市朝阳区麦子店街 18 号楼
邮编：100125
责任编辑：赵 刚
版式设计：王 晨　　责任校对：吴丽婷
印刷：北京中兴印刷有限公司
版次：2023 年 1 月第 1 版
印次：2023 年 1 月北京第 1 次印刷
发行：新华书店北京发行所
开本：700mm×1000mm 1/16
印张：13.25　插页：2
字数：210 千字
定价：68.00 元

前言

FOREWORD

习近平总书记指出，人民对美好生活的追求就是我们的奋斗目标。党的十九大提出“实施乡村振兴战略”。明确要求“要坚持农业农村优先发展，按照产业振兴、生态宜居、乡风文明、治理有效、生活富裕的总要求，建立健全城乡融合发展体制机制和政策体系，加快推进农业农村现代化。”乡村振兴涉及产业振兴、人才振兴、文化振兴、生态振兴、组织振兴，涉及农村经济社会发展的方方面面，是推进城乡融合发展、加快社会主义现代化建设的重要举措。党的二十大提出，要“全面推进乡村振兴”，要“坚持农业农村优先发展，坚持城乡融合发展，畅通城乡要素流通。扎实推动乡村产业、人才、文化、生态、组织振兴”。作为经济发达的浙江省，十分重视农业农村的发展，城乡统筹、城乡融合发展一直走在前列。早在2003年就开始实施了“千村示范、万村整治”工程，对农村的环境进行整理，以推动农村发展、农业增效和农民增收。党的十九大以来，按照实施乡村振兴战略的要求，浙江省进一步加大对农村的支持，加大公共财政对农村的投入，农村的居住环境、农业的发展条件、农民的生活质量明显改善，农村农民的幸福指数明显提升，城乡之间的差距进一步缩小。截至2021年，浙江省农村居民人均可支配收入达到35 247元，连续37年领跑全国；城乡居民收入倍差缩小至1.94，连续9年呈缩小态势，成为全国城乡收入差距较小的省份之一。实施乡村振兴战略成效显著，为全国的乡村振兴战略全面实施积累了经验。

理论是实践的指导，而实践又是理论的源泉，是推动理论发展的动力。按照把科研做在祖国大地上、把论文写在祖国大地上的要求，近年来，围绕实施乡村振兴战略的发展目标，我到浙江的有关市县做了大量的调查研究，跑遍了大半个浙江，向实践学习，向基层学习，向群众学习，深刻感受到乡村振兴战略实施以来浙江农村的发展变化，基层政府在乡村振兴中的实践创举，乡村群众为改变乡村面貌，积极参与乡村建设的热火朝天。今年暑假，我又花了一个多月的时间，带领浙江财经大学的研究生、本科生团队到临安、永康、诸暨等县市做社会实践，深入广大农村、乡镇、企业，深刻感受到农村的发展，深刻认识到高质量发展给农村带来的变化，深刻领会到青山绿水就是金山银山的道理。

每次到农村都是学习、都是教育，都有体会、都有感受，感受时代、感受发展、感受变化。如何把浙江地方实践的创举总结出来、提炼出来，为乡村振兴服务，以推动乡村振兴战略的加快实施，这是一件有意义的事，也是浙江省高校新型智库地方财政研究院为地方经济社会发展服务的职责所在。

调查研究是一项辛苦的工作，既要付出体力，更要付出脑力，还牵涉很多精力，但这是值得付出的劳动，也是解决问题的基本法宝。整个调查研究工作由我主持并提出调研思路，主要负责撰写并对所有材料进行通稿。调研工作得到了永康、临安、诸暨、缙云、建德、瑞安、桐乡、平湖、嘉善、长兴、德清、安吉、上虞、新昌、常山、衢江、龙游、文成、武义、青田等县市财政局、农业农村局等部门的大力支持，参与写作的有叶康英、翁柳鸿、龚臻文、宣奇恺、沈锋、吴俊英、吴玲玲、褚洁滢、沈颖、朱航、丁馨雨、施湘瑜、陈起所、汪启红、胡兰兰、黄婵花、王璎璐、胡学锛等。

参与暑期社会实践并参与写作的师生有张博涵、占泽英、楼蕾、宋莹莹、蔡超梅、季拓、戴彬倩、李昊一、贾志轩、王玥琦、胡怡琳、李石艳、蒋珂晗、黄楚楚、王梦韩、施宇科、俞奕冰、郑深瑞、吴宇欢、吴锦婷、郑恒婧、林袁凯、黄萧颖、佟睿、杨欢、张翼扬、郑子贤、雷亮亮、徐明霞、钱芝瑜、孙新、鲍雨哲、陈玛伊尔、鲁于曦、罗茜、叶歆柔、钟欣瑜、陈开阳等。

全面推进乡村振兴目标明确，任务艰巨。实施乡村振兴是推进中国式现代化的必然要求，需要做的事情很多，在实施乡村振兴战略实践中有成效和创新的案例也很多，受本人知识和能力的限制，本书仅选择了部分县市的实践案例做研究，错误和不当是难免的，敬请批评指正。

余丽生

2022年10月

目录

CONTENTS

第一篇

产业兴旺与乡村振兴

缙云县：生态“黄叶”成致富“金叶”

作为全省加快发展的26县之一，缙云县是“八山一水一分田”的典型山区县，依靠独有的生态优势，因地制宜发展黄茶，并把发展黄茶产业作为巩固拓展脱贫攻坚成果同乡村振兴有效衔接的新富民产业，不断打造成为山区生态经济新的增长点。到2021年共发展黄茶1.35万亩①，投产面积5 500亩，产值9 800万元，亩产值在1万～1.5万元，黄茶均价2 000元/千克，最高价15 800元/千克。产值是普通绿茶的2～3倍，2021年品牌价值为4.67亿元人民币。黄茶入选G20杭州峰会官方指定用茶，成功注册国家地理标志证明商标，连续4年获中国茶叶区域公用品牌价值评估最具溢价力品牌，荣膺全国绿色农业十佳茶叶地标品牌。截至2021年年底，黄茶产业辐射带动周边并解决就业人员1.5万人，人均增收3 500元，支援四川、广西、贵州的缙云黄茶苗达到1 600万株，带动当地发展黄茶产业。缙云黄茶成为推动共同富裕发展的重要产业，生态“黄叶”成为致富“金叶”。

一、培育发展黄茶产业的主要做法

缙云黄茶是茶树黄化变异的新品种，主要分布于缙云县500～700米的高山密林地带，是真正的原生态茶，因茶多酚等含量高而受到市场青睐。缙云黄茶从2010年开始规模种植，产业从无到有，从小到大，逐步培养壮大，并逐步向仙居、松阳等周边地区辐射，最远辐射到四川、贵州等省份，成为带动共同富裕的重要产业。这得益于政府的重视、科技的转化和财政资金的支持。

① 亩为非法定计量单位，1亩≈667平方米，下同。

（一）科技“支撑”，助力产业品质提升

一是转化农业科技成果。缙云县与中国农业科学院茶叶研究所建立全面的科技合作关系，利用科技特派员团队提供的科技指导，依托科研力量，通过多年繁育、引种、品种比较试验，证实缙云黄茶萌芽期较早，氨基酸、胡萝卜素及叶黄素等含量均高于其他茶叶，为缙云发展黄茶产业提供了有力的科学依据。二是提升生产技术。制定了《缙云黄茶生产技术规程标准》，不断完善加工工艺，做到看茶做茶，开发扁形、凤形、螺形缙云黄茶和以黄茶鲜叶为原料开发的红茶等，提升效益。三是加强技能培训。开展技术培训指导，提高生产者的技术水平和管理水平，确保从茶叶的种植—茶园的管理—茶叶的采摘—茶叶的加工—茶叶的包装贮藏都按照标准实施。

（二）发展“龙头”，强化产业主体培育

一是加大经营主体培育力度。有序推进“公司＋基地＋农户”模式，不断壮大茶企规模，提升示范带动作用，使全县的黄茶产业健康稳定地向前发展。全县缙云黄茶产业主体队伍不断发展壮大，截至目前，缙云黄茶50亩以上生产主体共26家，规模最大的超500亩，生产总面积近5 000亩；7家生产经营主体通过SC认证；5家工商资本投资生产缙云黄茶；2家主体建成前端监测和环境数据采集系统。二是逐步完善销售体系。缙云黄茶的销售方式主要是以品牌销售和市场批发销售为主。品牌销售主要是由品牌企业、合作社将高档黄茶经包装后出售，一般售价在3 000～5 000元/斤[①]；其他个体加工或企业生产的中低档黄茶一般通过市场批发销售为主，一般价格在600～2 000元/斤。按照黄茶鲜叶的不同时期、等级分别加工成扁形、针形、螺形，充分发挥黄茶的品质优势和经济效益。三是不断推进商品转化。通过茶旅融合，鼓励企业依托仙都风景区、河阳古民居等旅游景区，开设一些有特色、有创意的“茶空间”，推行设计简洁、美观、有个性的产品包装，加快茶叶产品向旅游商品转化，推动黄茶产品销售。

① 斤为非法定计量单位，1斤＝500克，下同。

（三）品牌“兴茶”，驱动产业发展动能

一是做强品牌。在全国范围内开设缙云黄茶品牌店 30 多家；通过“政府搭台、企业唱戏”，参与浙江农业博览会等国内重大茶博览会的展示展销、名茶评比活动，有效提升缙云黄茶的知名度和市场竞争力，每年组织缙云黄茶生产经营主体举办缙云黄茶文化节和缙云黄茶推介会等活动 10 余场（次），在茶博会、中茶杯、国饮杯等评比中斩获 10 多次金奖、特等奖。二是做大体系。明确“缙云黄茶”公用品牌属性，形成规范的产品包装体系，推行“母子品牌”模式，即“企业品牌＋区域公用品牌”的包装标识，培育品牌包装 30 多款；对公用品牌进行管理维护，组织全县茶企共建、共享，营造良好的品牌建设氛围，集中力量打造“缙云黄茶”品牌。三是做优宣传。坚持举办缙云黄茶文化节等茶事活动，并不断创新形式。注重研究和挖掘黄茶文化内涵，将旅游资源、黄帝文化与茶文化资源相结合。

（四）严格“监管”，提高产品质量保障

一是抓标准制定。加快制定和出台实施《缙云黄茶生产技术规程标准》和《缙云黄茶产品标准》。二是抓基础建设。加大茶园基础设施建设的投入，建设一批生态化标准黄茶园，建造一批标准化茶叶加工厂。三是抓监督管理。加强茶叶质量监管，加快推进茶叶质量追溯体系建设，确保“从茶山到茶杯”全过程茶叶质量安全。目前已有 39 家企业、合作社、家庭农场建立了可追溯体系。

（五）政策“引路”，厘清发展路径

一是明晰产业规划。2011 年以来，缙云县政府调整茶叶产业结构实施转型升级，出台《缙云县关于提升发展乡愁产业　加快富民增收的意见》《关于加快推进黄茶产业发展若干意见》等政策，鼓励农民积极种植黄茶，引导发展黄茶产业。编制《缙云黄茶产业发展规划》，厘清黄茶产业茶苗引繁、产品研发、展示展销等产业发展思路，通过重点产茶乡镇的领导，聚智力、聚财力、聚物力、聚人心，积极促进黄茶产业发展。二是制定产业扶持政策。近年来缙云县财政每年安排 1 000 万元专项资金扶持

黄茶产业发展，用于扶持茶叶基地建设、设施配置、加工研发、主体培育、品牌建设、茶文化产业等。对新增黄茶基地连片面积200亩以上的主体，给予5万元的资金补助；对新增繁育黄茶种苗基地连片面积2亩以上，给予1 500元/亩的补助；对于乡镇年发展黄茶基地达到1 000亩以上的，给予10万元奖励。缙云县税务部门成立服务小组，上门解读和辅导茶叶生产加工、供应销售各环节的税法规定，为茶农、企业筛选出自产农产品免征增值税以及茶和其他饮料作物种植享受减半所得税等税收优惠政策，及时提供发票增量、发票开具、账务处理等辅导，以实施延期纳税、税收豁免等方式鼓励黄茶产业发展。

二、发展山区特色产业的体会思考

缙云作为26个加快发展县之一，重视农业科技的应用和政策扶持发展黄茶产业引导百姓增收致富的实践经验是值得推广的。浙江省高质量建设共同富裕示范区，难点是26个加快发展县，重点是培养发展致富产业，实现农业增产和农民增收。

（一）借力科研，重视农产品的品种培育

缙云黄茶是通过科研培养发展起来的，品质的开发和产业的发展离不开科技进步。山区26个县必须高度重视农业的科技进步和农产品品种的培育，要加强与科研院所和高校的产学研科技合作。积极争取科技帮扶，通过优化科技特派员制度，在地方财力有限的情况下，通过政策创新、税收服务等方式，让更多的科技特派员愿意下沉到有产业发展潜力的欠发达地区致力科技研发助力山区特色产业的发展。

（二）示范引领，培育龙头企业提高市场化水平

缙云黄茶的发展一开始就重视农业龙头企业的带动，发挥“农业龙头企业＋基地＋农户”的优势，把产业培育好、把品质把控好，这是黄茶产业发展的基础。26个加快发展县在高质量发展共同富裕示范区过程中，必须高度重视培育发展新型规模农业龙头企业和农民专业合作社。通过财政贴息、以奖代补等形式支持龙头企业开展技术改造和市场开发，招引行

业龙头企业提高科技开发能力、市场开拓能力和农户带动能力。

（三）文化聚力，丰富区域文化内涵

缙云既是生态县，又是旅游县，在黄茶产业的培养上积极利用当地的旅游文化资源，通过农旅结合，提高了缙云黄茶的市场知名度和影响力。各地在培养和发展特色产业上要积极运用当地特色文化资源，做好特色产业内涵的提炼升华，将产业文化和当地旅游文化、民俗文化有机融合。加快公用品牌形象和产品风格的塑造，大力开展宣传推介活动，提高市场知名度和美誉度，加快开拓市场。

（四）数字赋能，提升农产品的质量保障水平

缙云黄茶发展快，产品的附加值高，在绿茶市场中脱颖而出，除了营养价值较高外，一个重要原因是通过数字赋能，重视质量安全把控，让消费者放心。安全放心农产品是市场的稀缺，也是竞争的优势，全省各地必须把农产品的质量安全体系纳入发展的重点，要制定特色产业的生产技术规程标准和产品标准，推进产业的标准化生产。同时，要重视数字化建设，通过数字化的改造和提升，推进特色产品质量追溯体系建设，确保农产品质量安全，把绿色农产品尤其是有机农产品作为发展的重点，以打造“舌尖”上的安全。

安吉县：做大做强白茶富民产业

白茶是安吉践行“绿水青山就是金山银山”理念的典型生态农业产业，是安吉农业的特色主导产业。安吉白茶自20世纪80年代被发现以来，经过40年的发展，全县安吉白茶种植户17 047余户，茶叶加工企业390家，安吉白茶企业现有省级龙头企业2家，市级农业龙头4家，年销售额上千万元以上的企业26家，年产值500万元以上企业的茶企44余家，茶叶专业合作社45家，单安吉白茶一项为全县36万农民人均增收7 600余元，占全县农业总产值的60%，占农民人均可支配收入的四分之一，茶农加入合作社的比例达15.9%。整个产业链从业人员高达19.8万人。2022年安吉白茶品牌价值达到48.45亿元，全县安吉白茶种植面积达20.06万亩，涉及668家品牌授权茶企、1.7万户茶农，相关联的就业人员超10万人，是名副其实的特色农业、富民产业。县域内17万亩规模茶园全部认定为全国绿色食品原料（安吉白茶）标准化生产基地，建成安吉白茶国家级标准化示范园1个、省级标准化示范园6个、省级生态茶园9个、县级生态美丽茶园10个。安吉白茶先后获得原产地证明商标、中国最具竞争力的地理标志品牌，入选全国茶叶类公共品牌前十强等。

一、发展白茶产业的主要做法

白茶是安吉农业的主导产业，安吉县各级政府高度重视，始终牢记时任浙江省委书记的习近平同志视察安吉白茶园区时提出用“一片叶子富一方百姓”的要求，把白茶作为推动富民发展的主导产业来打造，推动了安吉白茶产业的高质量发展。

（一）保护好生态，多方面推进美丽茶园建设

1. 结合生态化要求，从生态面强化茶园生态保护改造

安吉县推进茶园生态保护措施，制定《安吉白茶生态茶园建设标准》《安吉县加快提升发展白茶产业若干扶持政策》，根据《安吉县人民政府办公室关于原产地安吉白茶茶园保护区域划分的通知》对安吉县范围的茶园实行分级保护，划分永久保护区、核心保护区、重点保护区，三区范围内茶园实行长期保护；禁止无序开发，规范林业审批，在开发建设上坚持山顶保留原始林木，山腰种植隔离带和防风林，山脚保留原有植被的“头戴帽、腰系带、脚穿鞋、有筋有脉”和“茶在林中，林在茶中”的要求，维护生态系统稳定性，为安吉白茶持续种植打下基础。

2. 构建白茶规模经营机制，推进茶园园区化发展

通过农村土地流转引导农户向大户或规模加工企业发展，连点成线成片；完善园区功能和加强基础设施建设，通过完善交通道路、水利设施等提升茶园综合生产能力。通过打造智慧茶园，提升数字化管理水平，安吉县茶企宋铭公司引进5条数字化自动茶叶加工生产线，每条生产线每小时处理鲜叶1 200～1 400斤，5条线全负荷每天可生产2.2万斤干茶，每年可完成毛茶30万斤以上，辐射周边3万亩白茶，带动农户达1 000余户，大大提高了茶叶生产的效率和带动周边的力度。

3. 制定相关标准，推进标准化生态茶园建设

在全县绿色食品原料标准化基地建设和精品绿色农产品基地建设下，综合运用生物防治技术和化学防治技术，对化学农药使用控制在合理范围内；为改善地力提高土壤有机质含量，大力推行使用有机肥；建立风险防控机制、叶青检测机制，保证全程监控，提升茶叶品质价值。县域内17万亩规模茶园全部认定为全国绿色食品原料（安吉白茶）标准化生产基地。

（二）不断加快产业升级，多维度推进生产加工转型

1. 实施茶企培育计划，助力现代化企业转型

发挥龙头企业的引领作用，引导小散茶企靠大做强，对规模化种植的给予一定面积的附属设施用地鼓励生产。发挥资本市场作用，利用资本将企业做大做强。例如，浙江安吉宋茗白茶有限公司是一家集茶叶种植、加

工、销售、研发、衍生品开发于一体的浙江省级骨干农业龙头企业，是目前国内最大的安吉白茶生产企业之一。

2. 大力发展订单农业，推动茶企茶农长效合作

推广“公司＋合作社（基地）＋农户”模式，通过推动茶企和茶农建立利益共同体，茶农以订单形式为企业、合作社提供原料，提高茶农组织化程度，扩大订单茶农总量，从而增加白茶生产能力和效益。目前全县订单茶园面积覆盖超 7 万余亩，大大提升了茶农种植安吉白茶的销量，同时也保证了安吉白茶鲜叶的质量，实现了茶农与茶企的互利共赢。

3. 提升智能化加工水平，实现茶叶加工标准升级和水平提升

推动茶叶企业按照食品加工企业的要求开展 SC 认证；开展标准化茶厂建设，不断改善加工条件，提升加工装备水平，提升机械化清洁化智能化程度和现代化水平。提升标准化加工程度，鼓励安吉白茶加工企业创新流程设计完善加工工艺，在安吉白茶加工标准的总体框架下制定企业标准，实现标准的升级和加工水平的提升。

（三）重视市场建设，多方式拓展白茶销售路径

1. 规范现有市场，有序推动开发

安吉县通过整合现有市场资源，建立全国一流茶市场；规范市场主体的经营行为，营造诚实守信的经营氛围；完善市场准入机制和配套服务功能。在合理推进国内市场开发的同时，还积极有序引导茶叶企业参与市场开发，提高安吉白茶产业外向度。安吉县还积极策划参与各类展会，重点办好中国安吉白茶博览会、浙江省绿茶博览会、中国国际（杭州）茶叶博览会等展会，不断巩固提高品牌美誉度、影响力。安吉白茶还成为摩洛哥王室指定用茶之一。

2. 加快电商发展，拓展市场渠道

安吉白茶龙头企业会选择优质的电商平台开设品牌经营旗舰店，同时做好线上产品开发，完善物流配送体系，鼓励物流企业建立县乡两级物流快递中心，实现现代商贸流通网络重点产茶乡镇全覆盖。不仅发展线上电商，安吉县还大力支持龙头企业完善营销体系，独立自主建立营销实体店，扩大安吉白茶营销渠道。在大力发展安吉白茶基地直销、集团订制的同时，积极发展代理商，鼓励支持企业到县外大中城市设立直销店、专销

区、专销柜。

（四）利用数智赋能，全面建立安吉白茶原产地保护机制

1. 实施安吉白茶茶园数字化，加大金溯卡改造力度

安吉县在茶园证颁发、管理上利用数字化技术，开展茶园数字地籍调查测绘工作，精准测绘全县20.06万亩茶园数据，全面掌握茶园面积、所属主体、茶园位置等信息，确定了1.7万户茶农的茶园位置，“一对一”设立茶园数字身份证（茶园证），实行“一园一证”管理。在溯源管理上，导入区块链的理念和技术，整合安吉白茶官方网站、茶园证管理系统、白茶协会会员管理系统、安吉白茶包装印刷系统及金溯卡管理系统，建立共享平台，数据实时更新，以金溯卡为核心，完善信息采集、记录、存储、传输、识别、交换、加密等功能，形成涵盖所有信息交流的网络体系。消费者通过扫码即可获知产品信息、品质追溯、生产基地、智能监测等信息，实现品牌和展示信息的可控管理。在溯源管理的过程中深度融合“浙农码”，将产品全流程信息传递给市场消费者。金溯卡已累计发放163.02万枚，扫码超过162万人次。

2. 加强品牌管理和品牌建设，推进包装改革，规范包装市场

在安吉白茶品牌创建的过程中，创新母子商标管理模式，母商标为安吉白茶品牌，子商标为企业、大户自主注册商标，母商标树立安吉白茶品牌形象，子商标主要明晰生产者责任追溯，使得品牌名气打响的同时也规避了安吉白茶公共品牌的市场风险。在规范程序上，出台《安吉白茶地理标志证明商标使用管理规则》，强化“安吉白茶”地理标志证明商标使用管理，完善地理标志证明商标许可使用的条件和申报程序。出台《安吉白茶统一专用标贴管理办法》《安吉白茶统一专用包装管理办法》，规范安吉白茶包装市场，适当引入竞争机制降低包装成本，基本实现安吉白茶包装本地化设计本地化生产。在包装设计上，兼顾母子品牌发展需求，规范个性包装设计和标识标注，保护安吉白茶品牌价值。

二、做大做强白茶产业的思考

种植白茶是一项富民产业，已逐渐成为安吉县的特色主导产业，在

“规范化茶园管理、品质化生产加工、一体化品牌推广和多元化市场营销”的发展道路上越做越好。安吉白茶发展至今，在富民增收、技术支持、资本引导等方面都有值得思考和学习的地方。

1. 延伸产业链条，开发安吉白茶品牌优势

近年来，安吉县进一步推进白茶产业链延伸，先后开展了“安吉白茶加工工艺研究”“安吉白茶鲜爽度提升”“白叶茶多茶类加工技艺”等20余项课题的研究，使安吉白茶加工工艺取得新突破。深度开发安吉白茶特质功能，成功研制推广茶饮料、茶含片、茶酒、茶糕点、茶餐饮等安吉白茶系列衍生产品，通过茶叶提取氨基酸、茶多酚，利用茶园废弃物种植食用菌，开发白茶花精油、白茶花面膜等，使安吉白茶得到更为广泛的应用。如此一来，安吉白茶通过延伸产品时间线，拓宽产品种类，形成多种衍生品，同时利用品牌优势带动当地村民增收致富。在将来应扩大安吉白茶品牌优势，带动附加产品价值，拓宽附加产品产销途径和辐射面等。在工艺方面，提升安吉白茶本身制作工艺的同时也可以提升相关附加产品的质量，形成衍生品牌并不断壮大其规模和价值。

2. 深耕白茶市场，有效提升白茶的市场竞争力

尽管现阶段安吉白茶有2家省级龙头企业和4家市级龙头企业，千万元级企业若干，是名副其实的富民产业。但这些企业的市场占有率不高，市场上大多数企业没有形成规模化生产，行业管理存在难题，这需要政策在融资、技术、标准制定等方面给予支持，加大未来茶厂的补贴力度；同时鼓励企业自主开发子品牌网站、产品等，利用产品需求导向扩大企业鲜叶需求量，提升企业体量；鼓励村集体合作整合安吉白茶产销资源，实现规模化生产和品质保证；可利用物联网、大数据等扩大销售途径，利用数据网络建立完善的供销体系，加大品牌数字化认证力度和宣传力度；突破传统的销售宣传方式，企业与新兴流量平台合作，培育专业安吉白茶宣传博主，鼓励青年下乡宣传安吉白茶，将安吉白茶市场覆盖到新群体，焕发新活力。

3. 导入技术支持，推进全过程智能化转型升级

后疫情时代，生产、加工和监管智能化已经成为必然的趋势。目前，安吉县构建安吉白茶“产业大脑”，旨在解决安吉白茶产业中消费者辨识难、市场秩序管控难、行业管理难、农资控量难等痛点难点。在治理端通过“产业大脑＋未来农场”为突破口，在手机服务端开发了包含物流助手、我要开票、气象服务等19项应用模块的安吉白茶移动APP，初步实现生产、销售和监管的智能化、便捷化和规范化，施行“一户一码一证”管理，丰富基础数据库。今后，应持续深入推进该市场的数字化程度，根据需求迭代升级，可推广至其他农副产品生产销售环节。在企业生产板块，浙江安吉宋铭白茶有限公司建立了智慧生产线，不仅提高了茶叶产量，而且有效降低成本，智慧生产线模式应在各个茶企推广。在品牌监管板块，市场上仍存在着安吉白茶鱼目混珠的问题，持续加大溯源管理和品牌建设力度仍是打造该产业品牌的发展方向。

新昌县：创新茶产业高质量发展

新昌县地处浙东，素有“东南眉目”之美誉。这里气候温和，四季分明，适宜茶树生产，有种茶的传统和基础，尤其是珠茶改为龙井茶，致力于打造大佛龙井茶以后，茶产业成为富裕一方百姓的农业主导产业。多年来，新昌县委县政府始终坚持茶业强县发展战略，着力推进茶叶生产经营的规模化、机械化、标准化、品牌化、市场化，推动茶产业向二三产业延伸，走出了一条“政府为主导、市场为龙头、品牌为主线”的发展之路，被业界誉为茶叶产业发展的“新昌模式”。到2021年年底，全县茶园总面积16.8万亩，生产茶园面积15.3万亩，茶业从业人员达18万人，占全县总人口的42%，茶叶收入占农民年总收入的三分之一以上，茶产业已然成为新昌农业的主导产业、支柱产业和富民产业。新昌县先后荣获“中国茶业十大转型升级示范县”“中国茶业品牌影响力全国十强县（市）”“中国茶旅融合十强示范县”“全国茶叶百强县”“三茶统筹先行县域”“全国重点产茶县”“全国十大生态产茶县”等一批国字号荣誉，是农业农村部首批命名的“中国名茶之乡”。

一、创新茶产业高质量发展的主要做法

近年来，新昌县围绕“打造百亿茶产业，创建龙井第一县”的总目标，始终秉持“绿色高效生态”的产业发展理念，坚持“三三转化”的发展思路，聚力数字赋能、茶旅融合、全链提升、价值再造，形成了一条以“大佛龙井”为主导，“天姥红茶”“天姥云雾”为补充的“一体两翼”茶产业发展的“新昌模式”，为实现茶产业、茶文化、茶环境、茶增收的高质量协同发展贡献了“新昌智慧”。

（一）“汇聚三方”，增强凝聚力

1. 政府引导，精准发力

新昌县是一个“八山半水分半田”的山区县，茶业既是延续文化的传统产业，也是可以指引未来的新兴产业。新昌县政府为了振兴农业农村经济、促进农民增收、促进农民就业，把茶产业作为战略性主导产业来抓。从2000年至今，新昌先后出台了九轮茶产业扶持政策，年专项扶持资金从100万元逐步增至1 000万元，补助内容也从单一良种茶园发展到市场建设、电子商务、标准茶园、茶叶加工提升、数字化建设、茶叶创新产品等茶叶全产业链建设，并推进茶叶企业适度规模经营，通过土地流转、租赁等形式，实现生产要素向龙头企业转移，切实增强企业的带动能力，为产业发展指明方向。新昌县的茶产业在政府的引导下，对茶产业进行升级、对茶市的运作进行规范，再借助茶文化、科技互联网等力量，让新昌的茶产业形成了强大的积聚效应，从而推动了茶产业的发展。

2. 社会参与，多点开花

社会的积极参与是新昌茶产业发展壮大不容忽视的一股力量。2008年，新昌领先一步建立全国最大之一的龙井茶集散市场——中国茶市，建成中国较大的茶叶交易市场，拥有茶博馆、茶文化公园、精品茶展示馆、茶叶检验检测中心、茶叶价格形成中心、茶文化休闲旅游中心、茶叶电子商务中心和市场管理现代化服务中心等。目前已有省内外的1 000多户茶商入驻茶市，连接全国30多个省市区的150多个销地茶叶市场，直接带动周边县市茶农100多万户、茶园面积100多万亩，春茶旺季时日交易人数达到1.3万余人，日交易量16万余千克，日交易额达到了9 000多万元。2021年交易额超61.24亿元，茶叶电子商务年销售额已突破1.5亿元。

3. 培育龙头，引领发展

企业是产业主体，为了推动茶产业发展，近年培育了包括新昌县国昊农业开发有限公司、新昌县双彩玉龙茶厂、新昌县雪日红茶叶专业合作社等一大批年产值近千万元的龙头企业。目前，新昌全县拥有县级以上茶叶龙头企业19家，其中省级龙头企业2家、市级龙头企业4家；拥有茶叶流通企业931家，种植企业143家，加工企业85家，包装企业84家、茶旅企业 18 家，育苗企业 21 家，更拥有浙江天福茶业、浙江清承堂茶业、浙江诚茂实业、浙江澄潭茶厂等大型茶企；拥有茶机企业 36 家，全部进入浙江省农机购置补贴目录，年生产销售茶机约 2 万台，年产值约 1.2 亿元。扁形茶机的产销量占全国的 70%左右，已经具备了扁形茶全自动机械化生产能力，目前正向数字化、清洁化、智能化转型，并始终坚持“政府为主导、市场为龙头、品牌为主线”的发展之路，持续推动茶产业发展，广大茶企的务实创新精神是新昌茶产业持续良性发展的内在因素。

（二）“三茶统筹”扩大影响力

1. 以文兴茶，内外兼修

为弘扬茶文化，服务茶产业，2022 年 4 月，中国茶叶大会暨第十六届新昌大佛龙井茶文化节在新昌县融媒体中心举行，成为展示新昌“茶道之源”文化的一个“窗口”，“大佛龙井茶王赛”“礼佛仪式”“茶祭大典”等传统活动也得以继承与发扬。新昌县始终坚持“一带领先、双核驱动、三大组团”发展战略，多维拓展茶文化的外延。一年一度的茶业大会已经成为省内外茶文化交流学习的重要平台，陆续被评为“浙江省最具影响力十大农事节庆”“中国十佳茶事样板”活动之一。另外，随着《大佛龙井》《绿色金桥》《茶缘》《天姥茶话》《新昌茶经》等图书的陆续出版，新昌茶文化进一步得到了发扬。

2. 以旅兴茶，融合发展

近年来，新昌立足自身优势，在茶业发展中注重茶与旅游的融合，推出茶乡观光体验之旅、茶乡休闲养生之旅、现代茶业怡情之旅、茶乡体验之旅等四条旅游线路，其中以大佛寺、中国茶市、下岩贝为主要旅游景点的“新昌禅茶休闲养生之旅”成功入选“全国 20 条茶乡旅游精品线路”和“建党百年百条红色茶乡旅游精品线路”。此外，新昌充分挖掘佛教文化、山水文化、休闲养生文化的丰富内涵，茶旅融合度不断提升，成功打造了新昌“六大茶山”金名片，并形成了中国茶市、下岩贝村、外婆坑村、安山村等一批茶旅结合示范点。东茗乡下岩贝村已成为新昌县茶观光、茶休闲主要目的地，年接待各地游客近 10 万人，实现了茶生态、茶经济和茶文化有机融合。茶旅功能拓展的意义，不仅在于茶产业链条的拉伸，更关键的是能将消费者直接带入产地，加深对品牌的认知度，这对品牌附加值的提升大有裨益。

3. 以技兴茶，驱动创新

多年来，新昌政府始终秉承“科技兴茶”的发展理念，20 世纪 80 年代初，全国珠茶市场供大于求，为改变现状新昌开始引进龙井茶炒制技术“圆改扁”并开始研制属于自己的名茶，这是当地茶产业发展的关键变革。此后新昌县政府先后与中华全国供销合作总社杭州茶叶研究院（中茶院）、中国农业科学院茶叶研究所（中茶所）、浙江大学茶学系等科研院所建立了合作关系，形成了“龙头企业＋科研院校＋专业合作社＋农户”的发展模式，研制出龙井茶机制加工技术、无性系良种种植与繁育技术、条播密植茶园技术、名优茶冷藏保鲜技术、茶叶标准化技术、电热炒茶机和机械化修剪、采茶等七大技术体系。截至目前，新昌无性系良种茶园 11.5 万亩，无性系良种率达 75%，茶园绿色防控面积达 4 万亩；先后获得 30 余个主持项目或协作项目，获得各级科技奖励 40 项。

（三）“三化赋能”提升竞争力

1. 品牌化，提升产品价值

新昌的茶产业是农业领域较早涉足品牌化的产业之一，“大佛龙井”是茶界公认的品牌先驱，自 20 世纪 90 年代注册商标、开启“名茶”之路以来，当地通过各种创新性的营销使“大佛龙井”在茶界声名鹊起，成为中国茶叶品牌的佼佼者。多年来，新昌政府始终坚持“品牌兴茶”战略，坚持“质量、品牌”两手抓、两凸显，提出了“大佛龙井”品牌提升“11358”工程。请来专业机构操刀，对大佛龙井进行品牌重塑，就品牌的核心价值、定位驱动以及传播方式、营销渠道等进行继承创新，充分挖掘品牌的个性内涵，彰显自身的品牌特征，依靠大佛龙井品牌凝聚发展合力，促进产业规模化。同时，出台《加强大佛龙井中国驰名商标管理和保护的意见》《大佛龙井证明商标使用管理办法》等系列规范性文件；建立的全产业链质量监控管理体系、推行的茶产业标准化、清洁化生产成为全省首创；先后实施的“大佛龙井”事件营销和品牌提升工程成为行业首创；先后成立的大佛龙井产销联盟和大佛龙井品牌研究院，开拓了大佛龙井的品牌市场。“大佛龙井”先后被批准为龙井茶原产地域、中国驰名商标，获得了农业农村部农产品地理标志产品认证和全国首批名特优新农产品证书，五年期间共荣获各类金奖 28 个，“大佛龙井”品牌价值由 2015 年的 29.2 亿元上升到 2021 年的 47.74 亿元，连续十二年入选茶叶区域公用品牌价值十强。2022 年，新昌县实施精品茶“五统一”管理也有效地推动新昌县茶业品牌化发展迈上新台阶。

2. 标准化，提升产品质量

茶叶的标准化生产管理是新昌茶业规模扩张壮大的必经之路，为促进新昌县茶产业标准化建设，自 1998 年起，新昌政府先后制定《大佛龙井茶》《天姥红茶生产技术规程》等地方标准，推出大佛龙井、天姥云雾、天姥红茶三大产品的生产技术规程、产品标准、冲泡标准等九个团体标准和实物样。新昌县成为全省首个制订茶叶地方标准的县。地方标准的相继出台明确了茶叶加工工艺要求，并规定了茶叶冲泡的条件、流程及最适参数等内容，让消费者在品茶时能更好地感受到茶叶的最佳品质，有利于促进茶叶的标准化、规范化生产以及茶叶品质的提升。2021 年，当地政府又相继制定发布了《新昌县茶产业数字化信息采集技术规范》《新昌县茶园生态监测系统数字化建设技术规范》两个数字管理技术规范，建成了茶产业较为完善的标准体系。标准内容完整，结构设置合理，可操作性强，具有一定的科学性、先进性和市场指导意义。

3. 数字化，促进产业转型升级

近年来，新昌持续深化数字化改革赋能茶产业，运用数字化技术着力深化茶产业改革升级，为茶农、茶企、茶商带来了更多的溢出效益。新昌以“浙江省乡村振兴产业发展示范建设县项目”为依托，先后投资 2.55 亿元对茶产业链进行数字化提升改造，瞄准需求导向，贴合全省数字化改革“152”工作体系，通过业务梳理、数据归集、流程再造，实现系统协同、数据共享、运用集成，推动新昌茶产业数字赋能，不断解决茶苗培育、茶园管理、茶叶加工、茶叶流通及相关产业的实际需要，最终促进茶农、茶企增收。此外，新昌县已建成包括涉农数据专题库、驾驶舱、6 个应用子场景在内的茶产业发展服务平台——“茶产业大脑”，2021 年底开始，新昌茶产业大脑正式投入运行，标志着新昌茶产业数字化改革步入新阶段，推进了新昌茶产业全域、全程数字化转型升级。在茶产业大脑建设中，新昌县结合数字化要求，对上深度融合浙农码，对下贯通 505 家中国茶市店铺、12 个乡镇街道、6 万户茶农，实现新昌茶产业数字化改革全域覆盖、层层联动、协同推进。针对主要服务对象和使用群体，建成上线3大界面，即一舱两端（数字驾驶舱、供给端、需求端）。其中，“数字驾驶舱”面向政府，所有数据归集到一起，全面掌握新昌茶叶生产、加工、流通各环节数据，为科学决策提供参考；“供给端”面向全县茶企、茶农，通过病虫害、气象数据的在线监测，定期发布预警信息，实现茶园的数字化管理；“需求端”面向茶企、茶农，通过“新昌茶叶一件事”小程序生成专属的“茶叶生态标签”，方便群众查看茶园、生产信息。茶产业大脑的建设，重构了新昌县茶产业的生产组织模式、交易管理模式、政务管理模式和精准服务模式，推进了信用体系建设，实现了新昌茶产业的跨越式发展。截至目前，平台注册用户近10 000人次，数据总量达300万条，新昌县成功入选浙江省“农业产业大脑”建设第一批先行单位。

二、创新茶产业高质量发展的成效

（一）产业规模不断壮大，产业结构优化合理

“十三五”期间，新昌茶叶产量从2015年的4 705吨增加至2020年的5 790吨，产值从2015年的8亿元增加至2020年的13亿元，年均增长率分别达到了4.6%和12.5%。其中主导产品大佛龙井产量5 188吨，产值12亿元，占全县总产量、总产值的88%、95%，更是占到了全省龙井茶产量、产值的20%以上，产业规模优势显著。在大佛龙井平稳发展的同时，天姥红茶和天姥云雾的生产规模进一步扩大，基本形成了以“大佛龙井”为主导，“天姥红茶”“天姥云雾”为补充的“一体两翼”飞鸟型茶叶产业结构，一片小小的茶叶，在新昌农业农村经济中发挥了重要的作用，也铺就了一条乡村振兴之路。

（二）市场营销逐步拓展，品牌影响力不断扩大

全国最大的龙井茶集散市场——新昌中国茶市辐射带动能力持续增强，2020年茶市年交易总量超17万吨，年交易总额超55亿元，直接带动周边100万亩茶园、100万茶农的茶叶销售。同时鼓励企业到全国各地开设大佛龙井专卖店，已在全国20多个省市区开设大佛龙井专卖店478家。随着“互联网＋”“金融＋”等新业态的兴起，浙江省清承堂茶叶有

限公司等一批茶叶电商企业破茧而出，也为新昌县茶叶销售新添强劲动力。此外，疫情下为顺应形势，新昌茶叶品牌影响力在抖音电商平台不断壮大，新渠道、新人群、新消费、新模式齐聚，内容供需双向增长，销量和搜索量持续攀升，七大茶类交易增速亮眼，年轻人正逐渐成为抖音新媒体平台新昌茶叶消费的主力军，市场逐步拓展。全面发挥线上传播优势，放大线上形式感，丰富线上传播形式，新昌无疑成为全国龙井茶交易最活跃地区之一，品牌知名度和影响力不断提升。

（三）文旅产业不断开发，三产融合全面推进

新昌已连续举办十六届大佛龙井茶文化节，成为全国茶叶从业者、茶叶爱好者的文化交流平台。此外，编写的《新昌县志》茶叶篇及《新昌茶经》，记载并呈现了新昌源远流长的产茶历史和丰富多彩的茶文化特色；打造“六大茶山”金名片，借助新昌优美的山水文化及丰富的旅游资源，形成了中国茶市、下岩贝村、外婆坑村、安山村等一批茶旅结合示范点。新昌已逐步形成了以茶文化为核心的完整茶产业链，也是全省示范性全产业链。2020年茶叶全产业链产值达88.6亿元，依托完整的产业体系、技术支撑体系和市场运营体系，新昌真正地走出了一条“品牌撬动产业、产业振兴乡村”的特色发展之路，茶文化的传承在以茶带动农业增效、农民增收和农村致富方面做出了重要贡献。

三、高质量发展茶产业的体会

近年来，新昌县充分依托产业特点与优势，围绕“品牌引领、数字赋能、全链提升、价值再造”总体思路，汇聚“政策、科技、数字、平台”四方力量，开创新昌茶业发展新局面。到2021年，新昌县茶叶产量5 859吨，产值13.36亿元，茶叶全产业链总产值超92亿元，带动茶农年均增收超8 000元，助力实现茶叶致富、茶业共富。

（一）以政策助力，创新专项化扶持

新昌县始终坚持农业农村优先发展方针，始终把茶产业作为乡村振兴战略的主导产业来抓，依靠产业政策引导茶业发展方向，推进产业现代

化。通过科学研判茶产业发展形势，及时调整茶业发展规划，在不断健全茶产业发展机制的基础上，加大配套政策扶持力度，扶持资金成倍增长，扶持内容也从最初的无性系良种茶园逐步扩展到品牌建设、市场开拓、质量管理、标准化建设等茶业发展的各个领域，形成了覆盖产业各个环节的政策扶持体系。从 2000 年至今，先后出台了九轮茶叶产业发展的政策文件，不断加大对茶叶产业的扶持力度，累计投入近 1.2 亿元资金，有效推动了名优茶加工标准化、清洁化和规模化等茶叶全产业链发展。

（二）以科技蓄力，创新标准化生产

新昌县长期与中茶院、中茶所、浙江大学等科研院所保持合作关系，实施中央茶产业提升项目、部级高质高效项目、省级农业重大技术协同项目、省茶产业技术团队项目等 10 项。首创茶叶常温保鲜、龙井茶延时加工、鲜叶适度摊青、鲜叶静态筛分等技术；先后研制成功长板式扁形茶炒制机、多功能名茶辉锅机、新颖采茶机、全自动数字化生产线等先进实用机械。目前全县拥有茶机制造企业 36 家，年产值近 2 亿元，已具备了扁形茶标准化加工生产线研发、制造等生产能力，已形成包括茶苗繁育、茶树种植、茶叶加工销售，一直延伸到茶机、茶包装、茶保鲜等完整的茶叶产业链。科技助力下新昌县茶叶全产业链荣获浙江省示范性全产业链，推行的茶产业机械化、标准化、清洁化生产链成为了全省首创，技术手段的运用有效提升了茶叶产业链的科技创新力和共富内驱力。

（三）以数字赋力，创新智能化管控

新昌以“浙江省乡村振兴产业发展示范建设县项目”为依托，持续深化数字赋能茶产业，在全省率先开展茶业全产业链数字化建设，投资 2.55 亿元对茶产业链进行数字化提升改造，构建从茶苗培育、茶园管理、茶叶加工、茶叶流通及相关产业一体化数字精准管理与管控体系、技术形成智能化生产管理体系、“浙农码”与“三色码”质量追溯和诚信评价体系。2021 年，省内首个“茶叶大脑”建设落户新昌，并成功入选首批浙江省“农业产业大脑”建设名单。制定大佛龙井、天姥云雾、天姥红茶三大产品的生产技术规程、产品标准、冲泡标准等九个团体标准，发布《新昌县茶产业数字化信息采集技术规范》《新昌县茶园生态监测系统数字化建设技术规范》两个数字化管理团体标准，形成了较为完整的茶产业标准体系，促进了茶叶全产业链规范有序可持续发展。

（四）以平台聚力，创新多元化营销

新昌制定实施了大佛龙井品牌提升“11358”工程，对品牌形象进行全方位设计，成立了大佛龙井产销联盟，组织召开“大佛龙井·感恩有你——全国知名茶商圆桌会议”，启动“大佛龙井·百城共享”活动。针对当前疫情防控形势，创新开展第十六届新昌大佛龙井茶文化节，首次推出新赛事、新管理、新标准、新平台、新评选“五新兴茶”活动，发布全国首款茶文化主题剧本杀游戏——《石城寻茶记之茶煮江湖》。创新探索冠名杭绍台高铁列车、线上大佛龙井天猫旗舰店以及“新昌优选”抖音官方账号等多样化产业营销平台。2020 年大佛龙井获农业农村部农产品地理标志产品认证，并获得了全国名特优新农产品证书，五年间共荣获各类金奖 28 个；连续十二年入选茶叶区域公用品牌价值十强（第七位），品牌价值由 2015 年的 29.2 亿元上升到 2022 年的 50.04 亿元。

缙云县：把“小烧饼”做成共富“大产业”

烧饼是缙云县的传统小吃。近年来，缙云县委县政府高度重视以缙云烧饼为首的“小吃产业”发展，将缙云烧饼产业发展作为推动农民增收、推进共同富裕的重要抓手，充分发挥财政资金引领作用，以小资金撬动大产业，助推山乡农民不断拓宽共富路。截至 2021 年底，缙云烧饼全年产值达到 27 亿元，从业人员达 2.3 万人。缙云烧饼许可授权 90 家，开张营业示范店 661 家，全国开张门店（点）8 000 多家，并把示范店开到了美国、意大利等 16 个国家。同时，带动了上下游相关产业发展，炉芯产值累计 1 439 万元，烧饼桶产值累计 2 801 万元，缙云菜干产量达 400 万斤。“缙云烧饼”先后获得“浙江名小吃”“中华名小吃”“首届中国旅游金牌小吃”等荣誉称号，并成功获注地理标志证明商标和欧盟商标，缙云烧饼制作技艺被列入第五批国家级非物质文化遗产名录。

一、做大做强烧饼产业的实践

缙云烧饼产业发展政策通过聚焦产业链关键节点，精准发力扶持产业发展壮大的人、财、物等要素投入小切口，突出品牌建设扩大影响力，着力补齐产业发展短板，做好“供”“需”“标准化”三方面文章。

（一）聚焦要素投入，做好产业“供”的文章，带动农民增收致富

1. 关注提升“人”的生产力

缙云县针对“做烧饼人员不够、水平不高”的问题，创新性地开展烧饼普及技能培训，县级财政承担每期 600 元/人的全部培训费用。自 2014 年起，按照“培训机构基地化，培训内容系统化，从业人员专业化”的思路，确定浙江电大缙云分校和缙云县职业中专壶镇分校 2 个培训基地，以

就业指导中心为依托，制订专门的缙云烧饼培训教材，帮助学员得到全方位的技能培训和训后服务。至 2021 年底，全县已累计培训烧饼师傅 10 980 人次，初级普及性培训已基本覆盖县域内 18～60 周岁农民及无业人员。在此基础上，2022 年将普及培训课堂搬到百姓家门口，使全县有意愿从事烧饼产业的人员实现培训全覆盖，人人都能共享到产业发展带来的红利。

2016 年 6 月，为提升烧饼师傅的整体技艺水平，树立行业标杆，缙云县出台《缙云烧饼师傅技能晋升机制》，对前期普及技能培训对象进行“回炉再造”，县级财政仍承担每期 600 元/人的全部培训费用。通过竞赛确定中高级师傅的职称，县级财政同时对取得烧饼高级师傅称号的专业人才给予 1 000 元/人的奖励。截至 2021 年底，经考核全县有 10 人被评为大师，高级师傅累计达到 280 人，中级师傅累计达到 250 人。通过走访市场了解，中级师傅月收入在 6 000～7 000 元，高级师傅月收入 7 000～8 000 元，高出 2021 年缙云县居民人均可支配收入（39 927 元）的 80%～140%。不少学员既做了“烧饼师傅”又当了“烧饼老板”，如都市快报（2022 年 3 月 8 日）“浙江新闻”版以题为“滨江开烧饼店　老板一年赚了 60 万”的新闻稿中提到的刘伟缙就是现成例子。

2. 保障“菜干”等生产要素的投入

生产要素的保障尤为关键，缙云县为确保烧饼重要原材料缙云菜干（芥菜）的品质，陆续出台《关于推进缙云烧饼品牌建设的若干意见》《缙云菜干产业扶持政策》等扶持政策，县级财政每年安排 200 万元专项资金扶持发展，主要用于芥菜基地发展补助、基础设施提升补助、技术研发及培训补助、经营主体发展奖补、品牌建设和宣传奖补等五大方面。据统计，自 2014 年相关扶持政策实施以来，全县商品芥菜的种植面积从 2014 年的 0.2 万亩跃升到 2021 年的 1.2 万亩；商品菜干年产量从 2014 年的 100 万斤提升到 2021 年的 400 万斤。通过芥菜加工成菜干，农户芥菜每亩产值可达 1.5 万元，效益明显高于一般农作物种植。芥菜种植带动了缙云县部分镇级产业发展，如东方镇芥菜种植 5 000 多亩，菜干累计产量达 570 万斤，产值 5 000 余万元，带动种植户 3 200 多户。缙云县实施《关于切实抓好粮食产销工作的意见》以来，鼓励开展连片小麦种植。908 小麦种植面积从 2014 年的 300 亩上升到 2021 年的 3 800 亩，市场价格达到

7～8 元/千克，是普通小麦最低保护价的 3 倍以上，见下图。

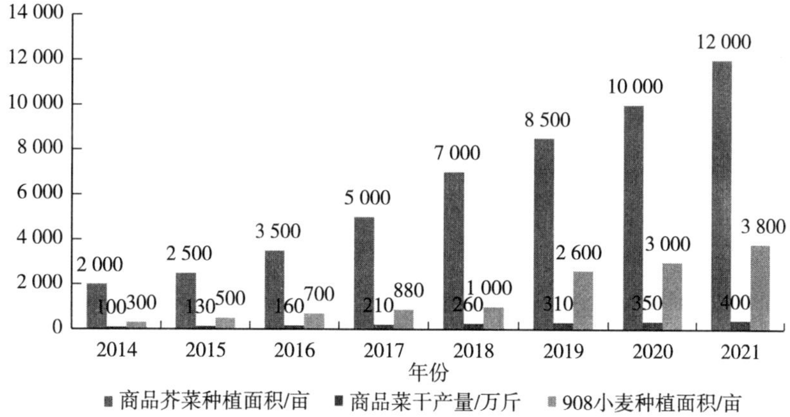

2014—2021 年缙云县芥菜、菜干和小麦种植情况示意图

此外，缙云县加大了对缙云烧饼桶、炉芯等器材产业的扶持，将经认定后的相关合作社加入缙云烧饼协会，可列为定点供货单位。烧饼炉芯与烧饼桶的数量详见下表。

2015—2021 年缙云县烧饼炉芯与烧饼桶产值与数量情况

年份	炉芯产值/万元	炉芯数量/只	烧饼桶产值/万元	烧饼桶数量/只
2015	600	20 000	700	7 000
2016	195	6 500	484	4 400
2017	108	3 600	275	2 500
2018	114	3 800	286	2 600
2019	207	6 900	605	5 500
2020	105	3 300	220	2 000
2021	110	3 500	231	2 100
合计	1 439	47 600	2801	26 100

3. 解决经营融资的问题

缙云烧饼示范店经营者可凭营业执照、身份证等证明材料，向指定的金融机构提出小额贷款申请，经县烧饼办、保险公司确认同意后，金融机构按程序办理一年期 10 万元以内的小额贷款。保险费由县级财政承担。贷款到期清偿本息后，给予经营者贷款利息 50%的补助。据统计，从

2016 年开始，县级财政累计贴息 13.45 万元，同时进一步撬动了农民投入资金 8 676 万元。

（二）突出品牌建设，做好产业“需”的文章，扩大品牌影响力，拓宽销路

一是县级财政每年保障安排 600 万元专项资金支持缙云烧饼品牌建设。二是坚持规划引领产业发展。在 2014 年制定《缙云烧饼产业发展初步规划》的基础上，2016 年高站位制定实施《“缙云烧饼”品牌战略和产业发展规划（2016—2030）》，全方位规划设计，确保产业可持续发展。三是多渠道扩大品牌知名度拓宽销路。一方面，完成注册缙云烧饼地理标志证明商标和欧盟商标，被列入“省级非遗”“国家级非遗”名单。另一方面，促进文化与烧饼产业的融合，深入挖掘整理缙云烧饼的黄帝文化、饮食文化、商贸文化，讲好“文化饼”“养生饼”“致富饼”等故事，形成《缙云烧饼与黄帝文化的渊源》《缙云烧饼源流考》《漫谈缙云烧饼的来源》等研究成果。同时，每年配合公祭轩辕黄帝大典，举办缙云烧饼节，同步举办浙江名小吃全省选拔赛、缙云烧饼大师赛、乡村旅游季等活动。

（三）谋划产业化发展，做好产业“标准化”的文章，铺垫规模化经营

按照“六统一”的要求，2014 年，缙云县确定了缙云烧饼 LOGO 图案，设计完成缙云烧饼品牌 VI 整体形象，出台了丽水市首个特色小吃类市级地方标准《缙云烧饼制作规程》；2016 年，县烧饼办与丽水市市场监管局、丽水市质量监督检测院合作制定《缙云烧饼示范店规范》，进一步统一经营标准、统一门店标准。县级财政对开设示范店给予 1 万～3 万元补助。截至 2021 年底，全县共有 495 家示范店获得 816 万元财政补助。2018 年烧饼原材料供应商缙云县全优食品有限公司、浙江燕美滋食品有限公司两家公司均已通过 SC 认证；2020 年缙云烧饼协会出台《关于规范缙云烧饼商标授权许可的规定》，使得缙云烧饼商标得到保护。通过一系列产业标准化建设和财政投入，为后续烧饼产业化发展打下坚实基础。据悉，省内如嵊州包子、新昌炒年糕等品牌推广均来缙云取过经。

二、创新财政扶持产业发展机制的思考

（一）挖掘地方特色产业，发挥财政资金导向性、激励性

烧饼产业是缙云县传统的特色产业，产业的关联度高、带动面广，对共同富裕的影响大，缙云财政把扶持烧饼产业发展作为财政支农的重点，财政政策导向明显，效果突出。独特性是产业发展的必要条件，资金投入是产业发展的坚实保障。尤其是对于财力有限的山区县而言，产业选择要立足地方实际，充分挖掘具有一定市场价值和群众基础的地方特色产业，精准投入财政资金，扶持产业做强做大，助力富民增收。“人无我有、人有我优”是市场经济可持续发展遵守的必然规律，深耕本地风貌，挖掘特色产业，专注于特色产业及其垂直细分领域，关联特色产业的上下游产业，延长产业链，是提升财政扶持产业发展有效性的关键举措。财政资金属于政府投资，具有导向性和激励性。财政资金投入有利于向市场传递信心，引导社会资本进入该产业，从而丰富产业发展的融资渠道，为产业发展提供有力的资金保障，财政支农必须体现政府的政策导向。

（二）抓住产业发展痛点，提升资金投入精准性、有效性

缙云烧饼产业发展历史悠久，要把烧饼产业做大做强需要投入的资金多，缙云财政支农侧重烧饼质量的严控、品牌的维护等这些政府需要重点支持的环节，真正体现财政扶持的精准性，实现“花小钱办大事”。产业发展必然遵守市场经济的规律，以市场经济为主导，政府调控只是产业发展的辅助手段，但一味依赖市场自由调节，缺乏政府调控，往往会走向自发性、滞后性的市场经济陷阱。作为政府，应详细调研产业发展现况，着重关注产业短板与市场空白，把握当前产业发展痛点，出台相应的引导政策和财政补贴政策，并根据产业实际发展需求调整政策方向，将有限的财力集中到社会最需要的地方，提升财政资金的精确性与有效性，以市场需求、发展痛点为导向配置财政资源，充分发挥财政的公共性作用，以财政杠杆撬动产值增长。

（三）建立共富支持机制，突出财政职能民生性、公共性

共同富裕首先要强调富裕，缩小差别，即在高水平发展上实现全社会福利的不断提高，这是实现共同富裕的物质基础。缙云烧饼产业的产业链长，带动面广，对共同富裕影响大，缙云财政支农扶持烧饼产业发展，正体现了财政的民生性和公共性，带领更多的人通过发展实现富裕，为共同富裕奠定基础。财政扶持产业发展的根本出发点是促进当地整体经济发展，而单一产业发展难以带动全域经济增长，单一经济增长点也缺乏可持续性。建立基于地方特色富民产业的共同富裕财政支持机制，带动上下游一二三产业融合发展，有利于形成以特色富民产业为核心，带动关联产业发展的全域发展模式；有利于推动全产业链的经济增长，优化当地产业结构，增加就业岗位，符合当前国家经济改革的主流趋势；有利于推动经济可持续增长，延长全产业的生命周期，打造新的复合型经济增长点，助力共同富裕。

（四）加强资金使用监管，体现财经纪律严肃性、约束性

缙云财政相对困难，只能在资金的投入精准度上不断下工夫，做好“小资金撬动大发展”的文章。严格把关财政资金出口，不仅做好对烧饼产业的扶持，同时十分重视资金的使用效益，财政扶持烧饼资金的使用效果要发挥好。财政资金扶持产业发展往往会引发资金使用不当、资金效益低下等廉政风险，对财政资金的监管应贯穿财政扶持政策实施的全流程。财政扶持政策出台前应由财政部门组织进行事前评估，确认财政扶持政策的可行性、有效性、合法性。财政扶持政策实施过程中，财政部门应履行监督义务，定期监控政策绩效，对财政资金使用的合规性进行监督检查。财政扶持政策结束后，财政部门应组织对该政策的事后绩效评价工作，客观评价该政策的资金使用效益，为以后类似政策的出台提供借鉴。落实全流程资金监管有利于深化部门财政绩效理念，促进产出投入比提升；有利于严肃财经纪律，严格财经秩序；有利于突出底线思维，强调不越红线。

德清县：乡村产业发展示范建设

根据《浙江省财政厅关于同意列入2019年度省级乡村振兴产业发展示范建设县的批复》（浙财农〔2019〕55号）和《德清县“全域数字化·产业智能化”乡村振兴产业发展示范建设实施方案》等文件精神，德清县突出围绕水产、果蔬两大主导产业，建设农业数字工厂，实施“1335”乡村振兴产业高质量发展工程（1个主题定位、3大发展愿景、3大类智慧农业项目、5大运行机制），着力推动现代农业大转型，绘就美丽田园大画卷、构建智能服务大格局。打造“数字田园样板地·产业振兴标杆县”，实现农业产业智慧化、绿色化、融合化发展。

一、乡村振兴产业发展示范建设的主要做法

按照“一次规划、分项实施、逐年建设、滚动发展”的原则，德清县制定乡村振兴产业发展示范建设实施方案，对重点建设项目分年度进行统筹安排，确定数字化平台类项目4个、数字化育种类项目2个、数字农业工厂类项目5个、都市农业综合体类项目2个、数字化供应链类项目3个共五大类16个项目，总投资为23 204.231万元，其中数字化平台类项目投资2 413.151万元，占10.40%；数字化育种类项目投资7 000万元，占30.17%；数字农业工厂类项目投资2 058.72万元，占8.87%；都市农业综合体类项目投资10 274.36万元，占44.28%；数字化供应链类项目投资1 458万元，占6.28%。

（一）做好顶层设计，统筹要素资源

1. 统筹政策

按照集中财力办大事的原则，精准聚焦“乡村振兴标杆县”“乡村振兴产业发展”“智能农业发展行动”“农村电子商务行动计划”等重点，以

乡村振兴创新发展和工作实效为导向，从县级层面统筹整合支持政策，绩效优先，善用奖补，将激励机制有效传递到镇、街道、产业主体等“神经末端”。如：为鼓励主体发展智慧设施农业，按建成设施给予一次性补助每平方米300元；善用竞争性立项机制，由农业经营主体组织实施的智慧农业项目，按投资总额的75%给予奖补。

2. 统筹职能

在乡村振兴产业发展示范建设中，成立以县主要领导任组长的领导小组，各职能部门明确分工、落实责任，形成加快乡村产业发展合力；建立多部门联系会商机制，不定期召开项目推进会，协商解决项目推进过程中遇到的困难和问题。

3. 统筹数据

通过将全县各部门、各行业所有政府投资的系统开发、软件应用项目交由县大数据局会审的机制，将非农口部门实施的涉及乡村的旅游、治理、文化传播、教育卫生、交通运输等相关项目进行统筹，进一步集约和提升农业农村数字化信息化发展力量。通过产业发展示范建设，完成了“一图一端一中心”三个应用支撑载体的建设，率先开展了全县域构建“数字乡村一张图”智治新模式的实践探索。

4. 统筹资金

探索加强对涉农资金的统筹整合，德清县以乡村振兴产业示范等项目实施为抓手，破解行业间涉农资金因部门属性差异造成的统筹难的问题，在预算执行环节通过项目规划、积极沟通，实现功能互补、用途衔接的涉农资金集中投入。乡村振兴产业发展示范项目预计统筹各类资金1.5亿元，其中地方财政资金2 615万元。

（二）汇聚各方力量，创新集成模式

1. 创新决策模式

德清与中科院生态环境研究中心共同成立“绿水青山就是金山银山”价值转化研究中心，开发了国内首个县域GEP（生态系统生产总值）核算决策支持平台，实现了项目全周期生态价值评估、生态补偿、GEP绿色贷等场景应用，在乡村振兴产业示范项目建设中探索了生态产品价值转化的有效途径。如：“水木都市农业综合体”项目，选择了GEP较高生态化生产环境，通过无农药、无污染、节水节肥以及“二维码溯源”、电商化销售等一系列数字化、生态化的产销方式，实现番茄全年连续生产，产量是传统大田产量的30倍。

2. 培育新业态

立足德清农业资源禀赋和数字经济基础，突出水产、果蔬两大主导产业，发展绿色农业、智慧农业、数字农业等新业态，积极培育一批数字农业、智慧农业示范基地。如：通过实施工厂化种养结合示范系统建设项目，百源康“生态锁智慧生物农业系统”获浙江省农村创业创新大赛二等奖，并代表浙江省参加第五届全国农村创业创新项目创意大赛成功入围全国决赛；通过实施新田农业数字工厂建设示范项目，新田农业被浙江大学评为现代农业产学研联盟蔬菜数字赋能核心示范基地。

3. 叠加服务能力

紧抓5G发展历史机遇，深入实施“互联网＋公共服务”，加强农业大数据公共服务平台建设，利用大数据技术提升农资供应、农业气象、质量安全追溯、农技推广和农机作业等服务能力，全面提升农业公共服务水平。

4. 凝聚科研力量

建立了“政产学研金介用”合作机制，与浙江大学、中国水产科学院淡水渔业研究中心等高校院所共建“产学研”科研生产联合体，实行“产业＋团队＋项目＋基地”技术推广应用模式，为推动数字农业发展提供了坚实的科研支撑。

（三）完善体制机制，探索强链补链

1. 完善县乡共建机制

慎重立项，立足镇、街道和村、农业主体现有基础和发展需求，深入激发农村和农业主体创新发展的主动性和积极性，建立并完善“两级主体、两级开发”的建设运营机制，推进数字农业基础设施共建共享，促进乡村产业可持续发展。

2. 探索利益联结机制

健全“联农带农”利益联结机制，大力推广农合联、土地经营权入股、财政资金折股量化等联农带农模式，引导各类经营主体与农户形成

"风险共担，利益共享"的经营共同体，让农民分享产业化经营增值收益，促进农民持续增收。

3. 建立融合发展机制

以人工智能、互联网、大数据等信息技术为媒介，一方面推进一二三产业多元融合，延长农业产业链；另一方面推进电商流通数字化改造，实现城乡生产与消费多层次对接。在乡村振兴产业项目中，建成了水木都市农田综合体、农村电商集聚区等一批示范基地。

4. 落实创业引流机制

依托农业"双创"平台和农业生产经营模式的转变，营造良好的农业创新创业环境，吸引有志于农业生产经营的外来人才和返乡创业农民；围绕数字农业建设需求，对农业经营人才进行数字农业新理念、新技术和新应用培训，营造创业氛围，实现良性循环。

二、乡村振兴产业发展示范建设取得的成效

（一）农业产业取得新发展

一是平台建设成效显著。全县已建成 11 个数字农业示范园区、4 000 多个农业物联网应用示范点，6 个农业企业获评省级数字工厂，示范带动作用明显，让农业从靠人力、靠经验向靠数字、靠技术转变。二是产业业态推陈出新。陆续引进浙江省淡水水产研究所、浙江省水产种业有限公司、浙江水木九天现代农业科技股份有限公司、德清百源康生态农业有限公司等数字化科研单位及企业，推进数字技术与农业产业的深度融合，不断催生出新业态、新模式、新动能。如：百源康项目以生物科技创新现代农业商业模式，在实现全生命周期的生态共生种养模式、生产高品质鱼菜产品的同时，生产出高附加值的生物制品，实现产业提档升级可持续发展。

（二）农村致富开启新时代

打造完成农村电商产业园，搭建县域互联网销售平台，推动青虾、黑鱼等农产品产业链、盒马鲜生示范基地和供货基地建设，实现农村电商集聚发展。与阿里巴巴签订战略合作协议，共建"数字乡村实验室"，依托德清县农村电商产业园，构建本地化电商运营服务体系，全年开展农村电

商人才培育 800 人次。在全省数字化改革的大背景下，通过“浙农码”一码集成，构建本地数字生活服务体系，打通优质农产品产销对接渠道，实现“码上溯源”“码上销售”。全县建设新市镇万人网红直播培训基地、禹越镇百亿农村电商园、下渚湖街道青虾产业园等多个支撑基地，农村电商创新创业氛围愈加浓厚，预计 2022 年农产品线上交易额超 17 亿元。

（三）乡村智治打造新模式

积极探索“一图全感知”的乡村智治模式，着力构建乡村数字治理“一图一端一中心”应用支撑体系。德清首发《“数字乡村一张图”数字化平台建设规范》和《乡村数字化治理指南》两项县级地方标准规范，叠加各部门 30 个图层构建数字乡村地图，实现乡村可视化管理。打破数据壁垒，不断丰富场景化多业务的协同应用，构建村情民意、遥感监测等问题时间工单流转处置机制。强化数据运用，打造农村环境卫生全域整治智能监管系统，有效提升农村人居环境长效治理能力。

（四）惠农服务达到新高度

打通一站式公共服务通道，“最多跑一次”向乡村社区延伸，通过“企业码”“浙里办”应用让更多的乡村经营主体享受便捷的“一次不用跑”，全县 1.9 万家企业完成在线申领，300 多家企业在线领取技改补贴 7 000 余万元。开通一站式生活服务平台，依托“我德清”本地化数字生活服务平台，上线 70 余项功能和主题服务，面向村民提供挂号就诊、求职招聘等数字化生活服务，实现诉求在线直达、服务在线落地，实现居民生活数字化、政民互动便捷化。提供一站式智慧生产服务，目前重点围绕渔业，通过生产环境的数据动态呈现实现实时监测、异动报警，为农业主体生产提供便利精准的服务。

三、加快乡村振兴产业发展示范建设的建议

德清县在“全域数字化·产业智能化”乡村振兴产业发展示范项目建设的实践中发现，推进农业产业数字化工作还存在一些问题和不足：

一是农业数据不够全面，鲜活度不够。数据的采集、整理、分析和利

用水平还较低，需要完善的数据标准支撑数字农业发展需要，缩小与工业数字化的差距。

二是应用场景还不够深入。目前还缺乏简单易用、便捷高效的应用，需要结合业务，从需求侧出发，不断丰富产品、强化功能。

三是农业农村数字化人才比较缺乏。从管理部门来说，需要人才支撑数字农业发展，做好指导和顶层设计。从从业人员来说，需要人才接纳数字技术，深入应用并持续完善。

面对发展中的问题，在全省数字化改革的大背景下，德清县将深入推进数字政府、数字经济、数字社会等建设，以数字化促进农业产业发展，高质量推动乡村振兴、强村富民。

一是进一步运用农业数据资源。充分发挥德清在数字化领域的先发优势，致力于归集农业产业相关数据，紧密对接上级部门，对照数据标准，实现数据互联互通。全力建成农业数据中心，形成产业地图和管理服务应用，以数字化赋能产业发展。全力构建闭环监管链条，提高问题的发现处置效率，提高治理效能，以数字化提高管理效能。全力开发产业智能管理应用，实现智能化生产，提升农业产业种植、养殖等效率和效益，以数字化提升服务能力。

二是进一步建设和拓展应用场景。以“一件事”“全链条”等为导向，搭建简单易用、便捷高效的应用，从需求侧出发，不断丰富农业产业数字化应用场景。充分发挥德清名山湿地和生态环境的优势上，聚焦乡村规划、乡村经营、乡村环境、乡村治理和便民服务，不断拓展农村治理数字化应用场景。依托省级示范项目建设、“浙农码”等载体，做到“小切口、大牵引”，不断丰富产品、强化功能，搭建更多简单易用、便捷高效、部门协同的应用场景。以数字赋能促进村庄建设与项目引进、创业扶持和产业发展的紧密结合，达到农民致富、集体经济壮大的目标。

三是进一步壮大农业农村数字化人才。紧紧依托数字化改革，建设乡村人才数字大脑，构建整县乡村人才数据库和综合服务系统，为乡村人才创业创新、学习交流、政策咨询、项目申报、融资对接、业务办理等提供全方位便捷服务。加强与浙江大学、阿里巴巴等校企合作，把农业农村人才培训的工作放到数字化上来，壮大乡村数字化人才队伍。

第二篇

粮食发展与乡村振兴

桐乡市：稻虾综合种养稳粮增效绿色发展

粮食是国民经济的基础，如何解决粮食增产又增收是发展粮食生产的难题。习近平总书记强调，中国人的饭碗任何时候都要牢牢端在自己手中，饭碗主要装中国粮。农民是最大的种粮主体，端牢饭碗，必须提高农民种粮积极性，让农民种粮不吃亏、有钱挣。近年来，桐乡市在加大对粮食生产支持保护的同时，改变传统的种粮模式，积极探索稻虾综合种养模式，激励农民多种粮、种好粮，成效显著，既确保了粮食稳产保供，又实现了种粮农民增收，探索出一条稻虾综合种养稳粮增效绿色发展实现共同富裕的新路子。

一、发展稻虾综合种养的主要做法

稻虾综合种养主要是利用水稻收割后至来年种植水稻前这段时间投放一定量虾苗养一季小龙虾。种植稻前小龙虾全部捕捞干净，水稻收割后再进水养小龙虾，种稻和养虾在时间上错开，互不影响。这种种养模式将水稻种植与水产养殖巧妙结合，既高效利用了稻田资源，解决了“谁来种田”的问题；又通过稻田流转创新了农业经营方式，解决了“如何种好田”的问题。

（一）因地制宜，探索综合种养新模式

在发展稻虾综合种养产业中，桐乡市因地制宜，创新推广稻虾轮作模式，并将水稻—小龙虾轮作模式作为稻虾综合种养的主推模式。通过技术模式和经营模式的深度融合创新，努力打造一条因稻虾绿色生态综合种养模式而起的产业兴旺、强村富民样板路径。这一模式具有投入小、周期短、见效快和易推广的特点，让当地广大农户极易接受，并且可塑性和实用性强，是一条行之有效的稳粮增效的综合种养创新模式，具有相当大的

发展潜力。稻虾轮作相比稻虾共生具有四个方面优势：一是轮作模式不挖沟不破坏耕作层，所以水稻生产面积没有减少，稳粮作用更加突出。二是小龙虾苗种生产和商品虾养殖分开，实现了“繁养分离”。由稻虾龙头企业专门负责生产优质苗种，解决了以往“自繁自育”导致的种质退化、生产周期长、管理难度大的问题。对普通农户来说降低了生产难度，缩短了养殖周期，提高了养殖成功率。三是小龙虾养殖给稻田提高肥力，增加土壤有机质含量，减少了化肥使用量；灌水养虾，杂草几乎被小龙虾吃完，越冬虫卵等也大幅减少，减少了农药的使用。四是生态优质稻米的溢价和水产品的收益大幅提高了综合经济效益。

（二）坚守底线，树立绿色发展新理念

桐乡市的稻虾综合种养始终坚持把稻放在主要位置，杜绝重渔轻稻苗头，引导稻虾综合种养产业规范、可持续发展，走粮食产业转型升级绿色发展新道路，以加快传统粮食生产方式革新，由单一种植向稻田要资源、向水体要空间、向品质要效益，扎实推动稻虾产业“强”起来、稻虾环境“美”起来、稻虾产品“优”起来、稻虾主体“富”起来。

（三）产业抱团，开辟增收共富新路径

虾苗、种养技术有了保障，普通的大户、农户才愿意跟着一起抱团干。为解决稻田小龙虾苗种来源和技术等痛点，桐乡市依托稻虾龙头企业技术和管理上的优势，在发展稻虾产业过程中创新探索“公司＋农户＋服务”的产业化经营模式和稻田“季节性流转”的合作发展模式，实行统一种苗、统一生产、统一服务、统一品牌、统一购销“五统一”生产标准，通过技术共享、品牌共创、利益共享，与小农户形成“种、养、收、加、销”一体化利益联结机制，达到公司、种粮大户、小农户“三赢”目的，打造小农户和现代农业发展有机衔接的样板，带动小农户迈入现代农业发展轨道，实现“冬闲田”变“增收田”“致富田”。目前已累计示范推广35户、8 000余亩，户均增收约17万元。

（四）政策推动，开创快速发展新局面

自2018年以来，桐乡市连续出台稻虾综合种养试验示范基地认定和

补助政策，投入财政资金 106.50 万元补助符合创建条件的示范基地。2020 年，桐乡市出台《高质量推进农业产业转型发展的若干政策意见》，对土地流转承包经营合同签约五年以上且稻虾综合种养面积 50 亩以上的农业企业、农民专业合作社、家庭农场和种养农户等现代农业生产经营主体，种养区域符合相关规定的，按种养面积一次性给予每亩 300 元的补助。政府政策的引导和政策，为推动稻虾综合种养产业发展创造了条件。

二、稻虾综合种养取得的主要成效

桐乡市大力推广和发展稻虾综合种养不仅实现了“一水两用、一田双收”的效果，而且减少了化肥和农药的使用量，降低了农业面源污染，实现了经济、社会、生态效益的“三赢”，对于保障粮食安全、农民增收以及促进农业可持续发展具有重要意义。

（一）推广面积在增多

从 2018 年推广初期的 100 多亩零星散户开始，经大力推广示范，面积逐年扩大。截至 2021 年年底，桐乡市 11 个镇街道均有分布，累计推广稻虾综合种养面积 1.3 万亩，其中稻虾轮作模式面积 1 万亩。全市已建成省级稻虾综合种养示范基地 2 个，桐乡市级稻虾综合种养试验示范基地 5 个，四年时间内种养规模呈指数级增长，发展势头非常迅猛。

（二）种养模式在增加

从一开始单一的稻虾共生，到目前以稻虾轮作为主、稻虾共生为辅，其他模式比如稻—澳洲淡水龙虾、稻蛙、稻鳖、稻—青虾等模式适当补充，稻虾综合种养模式逐渐丰富。桐乡市申报的《新型水稻—小龙虾轮作模式》入选浙江省“绿色发展好模式”。桐乡市宏望生态农业科技有限公司获全国稻虾综合种养模式创新大赛和优质鱼米评介绿色生态奖。通过优化稻虾综合种养模式关键技术，试验优质稻米品种，实施包括田埂留草、灌水灭蛹、优选抗性品种、杀虫灯诱杀等一系列生态种植和绿色防控措施，建立农产品质量安全追溯体系，有效提升稻米和小龙虾的产量与品质。

（三）种养效益在增长

桐乡市通过开启稻虾综合种养新模式，带动农户走上共同富裕新道路。以水稻—小龙虾轮作模式为例，通过水稻病虫害绿色防控技术和“吃虫能手”小龙虾的帮忙，水稻生长过程基本无需施农药，龙虾粪便还能肥田，产出的自然是生态好稻米。得益于此，稻虾米价格基本保持在5元以上，较常规稻米高出1倍左右。2021年该模式亩均产出水稻550千克、小龙虾180千克，与单纯种稻相比，亩均增收2 347元。

（四）龙头作用在增强

宏望公司是桐乡市稻虾产业龙头企业，2021年公司稻虾共生面积1 600亩，稻虾轮作面积4 600亩，是浙江省单体规模最大的稻虾综合种养主体，综合产值超5 000万元，实现了产业化、规模化发展。公司提供小龙虾苗种、饲料和全套生产技术给合作农户，新建小龙虾交易市场，方便农户集中销售。宏望公司已成为引领稻虾产业发展和带动农民增收致富的样板，2021年稻虾轮作合作农户增加到23户，种养面积从2019年的1 240亩，发展到2020年的4 200亩和2022年的7 250亩。特别是在桐乡市崇福镇联丰村、上莫村等连片发展，形成了较为集中的稻虾综合种养区，带动效应明显。

（五）产业融合在增速

从种养结合到种苗繁育、渔旅结合、休闲垂钓、品鉴体验等。通过延伸优质稻米生产、加工、销售和小龙虾的苗种培育、养殖、销售产业链，提升价值链，实现种养与农旅融合发展。如宏望公司以“优质米、生态虾”为理念，提升产品品质，加强品牌创建，已注册“宏望老农”等稻虾优质米品牌3个，“宏望老农”品牌优质米获“禾城好米”金奖，宏望小龙虾获浙江“农业之最”擂台赛三等奖。桐乡市还举办农业嘉年华龙虾节、龙虾争霸赛、稻虾产业高峰论坛等活动，加速一二三产融合发展，促进乡村消费升级。

（六）绿色生态链在增效

实行稻虾轮作生态种养，利用源头减量、过程控制和末端治理，实现清洁化生产。龙虾养殖增强土壤通透性，水稻秸秆粉碎还田，提高土壤有机质含量。在稻虾种养区域，以“生态沟渠＋”的形式，减少农田末端排放。集成配方肥替代、绿色防控等技术，年均可减施化肥 40 千克/亩、农药 80 克/亩，肥药减量 50％以上，亩均肥药节本 300 元。

三、推进稻虾综合种养的建议

稻虾轮作既是一条绿色生态的综合种养路子，更是一条产业抱团发展，带动农民走向共同富裕的好路子。桐乡市的实践，为稻虾综合种养做了有益的探索，提供了很好的经验和启示。各地要在促进粮食稳定提质增效上，进一步推广和拓展稻虾共生等稻虾综合种养模式，倡导发展生态循环农业经济，助力乡村振兴和共同富裕。

（一）要把循环农业作为粮食增产农民增收的方向

始终不放松粮食生产是农业发展的要求，这必须解决好粮食增产和农民增收的问题，使农民从粮食增产中得到增收。而稻虾综合种养的农业循环发展模式，把粮食发展和农民增收结合在一起，不仅解决了土地的充分利用问题，更重要的是降低了生产成本，提高了粮食的品质，增加了农民的收益，必须大力推广并不断拓宽稻虾综合种养模式，让更多农民受益。

（二）要把一二三产业融合发展作为粮食增产农民的途径

农业是很长的产业链，发展粮食生产不光就种粮而种粮，必须把作为第一产业的粮食生产和粮食加工、销售等二三产业结合起来，把小龙虾的养殖和销售、加工等二三产业结合起来，同时，还要把种粮和农业观光、休闲旅游、研学科普等结合起来，延伸农业产业链和价值链，提高农业种粮的积极性和致富的内生动力。

（三）要把农业龙头企业培养作为粮食增产农民增收的纽带

现代农业必须规模经营，粮食生产必须走产业化、规模化、现代化的道路，种粮大户和农业龙头企业的示范带头作用不可忽视。各地要千方百计培育好服务粮食生产的农业龙头企业，发挥“公司＋农户＋服务”“公司＋基地＋农户”等的优势，打造好农产品的品牌，提升农产品的竞争力，让广大农户共享粮食生产的发展成果。

（四）要把政策扶持作为粮食增产农民增收的助力

扶持粮食生产一直以来是各级政府支农政策的重点，对代表种粮发展方向的稻虾综合种养模式，各级财政要在政策上给予更多的支持和倾斜，引导粮食生产向循环农业、绿色农业方向发展，使稻虾综合种养发展得更快、推广得更多，实现种粮增产又增收。

青田县：稻鱼共生循环发展提效益

青田县地处浙江省东南部的山区，瓯江中下游，县境地形复杂，以丘陵低山为主，瓯江自西北向东南贯穿全境，沿江两侧分布着大小不一的河谷平原，山间有方山、阜山、海溪等盆地。海拔 50 米以下的河谷仅占 4.64%，山间盆地占 0.05%，丘陵和山地占 95.31%。山多地少，人均耕地 0.3 亩。利用有限的水土资源进行稻鱼共养，成为在特定的资源禀赋条件下的必然选择。1 200 多年以来一直保持着传统的农业生产方式——稻鱼共生，并不断发展出独具特色的稻鱼文化。由于稻鱼共生悠久的历史传统和持续至今的实践，2005 年 6 月，“青田稻鱼共生系统”被联合国粮农组织认定为全球重要农业文化遗产（GIAHS），成为首批 5 个全球重要农业文化遗产之一、中国第一个全球重要农业文化遗产。2013 年 4 月，“青田稻鱼共生系统”被国家农业部列入首批“中国重要农业文化遗产（NIAHS）”名录。

一、稻鱼共生的实践

稻鱼共生系统是一种典型的生态农业生产方式，通过“鱼食昆虫杂草—鱼粪肥田”的方式，使系统自身维持正常循环，保证了农田的生态平衡。稻田养鱼是人工的稻鱼共生生态结构，鱼吃稻田里部分害虫和杂草，既减轻稻田的虫害和草害，又可减投鱼饵；鱼排泄粪便可肥田；鱼在稻田中来回游动，翻动泥土，起到松土作用，促进肥料分解，有利于水稻分蘖和根系的发育。同时，水稻为鱼的生长、发育、觅食、栖息提供了氧气、有机物质和遮阴的环境。稻田养鱼既可使水稻丰产，又能充分利用田中的水、有害生物、虫类来养殖鱼类；综合利用水田中水稻的一切废弃能源来发展生产，提高生产效益；在不用或少用化学肥料和农药的前提下，以系统内的物质循环、生物防治虫害为基础，种养出优质稻谷和鱼类。在县政府、地方财政的支持下，如今青田的稻米和田鱼已形成了品牌，产品知名度和价格均大幅提高。

（一）突出谋划布局，推进科学发展

以规划强引领，确立发展方向。2016 年中国科学院地理科资源研究所和青田县人民政府共同制定了《2016—2025 年稻鱼共生系统保护和发展规划》，明确了保护与发展的总体策略。规划要求落实对农业生态、文化和景观三方面保护，确保可持续发展。规划谋划了生态产品开发和休闲农业发展两大发展布局，将农产品开发和休闲旅游观光并重。

（二）提升产品品质，打造品牌形象

青田县稻田养鱼所在地的水质和土壤环境优良，土壤富含有机质，水质无污染。由于很少施用化肥、农药，生产的田鱼和大米为绿色无公害产品，田鱼肉质细嫩，味道鲜美，营养价值很高。2005 年，“青田稻鱼共生系统”被评为全球重要农业文化遗产；2013 年 12 月，青田田鱼获注国家地理标志证明商标；2014 年 8 月，青田田鱼、青田田鱼干获得国家生态原产地保护产品。稻鱼共生系统生产的田鱼和大米共获得有机、绿色和无公害产品认证 11 个，品牌认证数累计达到 14 个。依托全球重要农业文化遗产的品牌效应和国家“三品一标”认证，青田大米、田鱼的品牌影响力大幅提高，稻鱼米的价格跃升 10 元/斤以上，田鱼的价格和销售量也有提高。

（三）整治村容村貌，推动环境治理

结合“五水共治”“三改一拆”“六边三化三美”等工程，深入开展农村污水治理和垃圾集中收集处置，铺设了污水管网，配备了污水终端设备，促进了休闲农业和乡村旅游配套设施的完善和环境卫生服务方面的发展。在交通方面，对通往景区的道路进行了取直和拓宽，方便旅游大巴车进入。设置了基本的旅游指示牌，在村里和村口设有指引方向的路牌，在主要景点设有景物介绍牌，配有英文说明。为保护区内农家乐示范户制作了统一的标识牌。

（四）突出精准扶持，政策引导产业

为了增加农民收入来源，提高农民收入水平，组织培训专业人才发展农家乐产业。出台农家乐奖励政策，对不同星级的农家乐设置不同的奖励标准。被评为省级、市级农家乐“特色村”的，分别给予一次性奖励 10 万元、5 万元；被评为省级、市级农家乐“特色点”的，分别给予一次性奖励 5 万元、3 万元；被新评为星级农家乐或通过复评经营户（点）的，分别给予一星级 5 000 元、二星级 1 万元、三星级 2 万元、四星级 3 万元、五星级 5 万元的一次性奖励。奖励资金用于改善农家乐的服务条件，以此助推乡村旅游业发展。

（五）丰富文化内涵，着重宣传推广

一是收集资料文献，传承传统文化。重新组织收集与稻鱼文化有关的传统知识和文献，将其整理成为青田县县志的第二章“田鱼之乡”，通过文字记录的方式来进行稻鱼共生系统相关知识与文化的保护。二是组织民俗活动，增强文化资源。为了增添旅游吸引力，重新组织人员学习青田鱼灯舞、唱龙灯、龙凤灯舞等传统民俗活动，将鱼灯舞表演加入学校的地方教育内容中，确保了传统知识与文化的传承与保护。三是举办田鱼文化节，提升文化品牌。2012 年，青田在方山乡举办首届田鱼文化节，同步举办田鱼摄影展、方山籍华侨代表恳谈会、农民趣味运动会、方山风情乡村游、品方山美食等系列活动。文化节活动宣传和保护了“稻鱼共生系统”这一世界重要农业文化遗产品牌，同时作为服务平台，发挥了汇聚乡贤的作用，各地华侨齐聚方山，共谋未来发展。

二、稻鱼共生的实践成效

稻鱼共生不仅提供了农业效益，而且改善农业的生态系统，提高了农产品的质量安全水平，是循环农业发展的成功实践。

（一）经济效益

1. 提高稻米产量和稻鱼生产收入

稻鱼共生系统极大地提高了稻田生产的经济效益，增加了农民的收

入。在同样的技术水平和投入水平下，稻鱼共生系统一般可以使稻米产量提高 5%～15%，而且稻谷产量较均匀，穗大、瘪谷少。据统计数据显示，稻鱼共生系统较单一水稻种植而言，每公顷可增加利润 300～750 元，若稻田中鱼苗增加，利润还可增至 1 500～15 000 元。

2. 节约人力，降低成本

稻田鱼类有耘田除草、防病、增肥和加速分解的功能，可以免去耘田除草、施肥和打药等农事活动，达到“以鱼代劳”节省劳动力的目的。一般每公顷稻田可节省劳动力 120～180 人，同时可以节省大量化肥和农药，从而大大降低了生产的成本。

3. 提高相关产品的经济效益

稻鱼共生系统除了本身具有的经济价值外，还可产生巨大的相关经济效益，主要体现在有机产品的巨大生产潜力和相关鱼类制品的产业化效益。

（二）生态效益

稻田共生系统是利用山区生态资源，通过稻、鱼互相作用，在稻田中田鱼能吃食杂草，又能吃掉水稻无效的分蘖及稻飞虱等有害昆虫，增加田间通风，能明显地减少病虫害。其粪便肥田，水稻能增加水中的溶氧，为鱼遮阴、提供饵料。这种机制使物质和能量得以良性循环。种稻过程中很少施用或不施用农药、化肥，养鱼不用抗生素、生长激素，整个生长过程是生态安全的。稻、鱼产品品质优越，极大地提高了市场竞争力。

1. 保护生物多样性

生物多样性对农业生产起着重要作用，生物多样性可以持续地控制作物病虫害，有效保护作物资源和农田环境，提高农产品质量，促进粮食的稳产高产，增加农民收入。稻鱼共生系统是复合农业生态系统，系统内生物多样性丰富。另外，系统外部也有丰富的生物多样性，对于维持系统的功能具有重要作用。

2. 改善水稻土质

青田稻鱼共生系统中鱼粪和稻谷秸秆均可在系统内部转化为肥料，实现废弃物“资源化”，在肥田的同时减少化肥的使用，实现系统的良性循环。稻鱼共生系统内，鱼类的吞咽、消化可以吸收稻田中的有机质，其分泌物可以将 30%～40%的有机质转化为肥料，增加了稻田有机质含量和养分，达到了肥田的目的。在稻田内养鱼后，鱼的活动不断翻动表土，使稻田内的土壤得到疏松，增大了土壤孔隙度及稻田中的氧气，有利于加速有机质的分解。

3. 提高稻田水质

稻鱼共生系统中，通过鱼的游动，可以增加水的溶氧量，改善水质。主要方式有：增加溶氧量，减少还原剂，如 H_2S、Fe^{2+} 等；使媒介物质迅速矿物化，不断释放能量；鱼类的活动使营养物质向水稻根部集中。青田县的稻鱼共生农田灌溉水样检测报告显示水质各项指标均合格，稻田养鱼水环境质量要明显优于一般的稻田水环境质量。

（三）文化效益

青田稻鱼共生系统历史悠久，不仅仅是一项传统的农业技术，更是一种文化、一种精神和一种象征。这种文化的内涵不仅包括农业知识和传统农具，而且包括地方风俗、节日、饮食等。在稻田养鱼历史悠久的青田县方山乡，农民有熏晒田鱼干的传统，并将其视为逢年过节、请客送礼的珍品。村里人的女儿出嫁，有将田鱼（鱼种）作为嫁妆的习俗。“青田鱼灯”和“青田石雕”亦闻名遐迩，成为当地节庆必不可少的内容。

三、稻鱼共生实践的启示

党的二十大报告提出，“坚持农业农村优先发展，巩固拓展脱贫攻坚成果，加快建设农业强国，扎实推动乡村产业、人才、文化、生态、组织振兴。”青田县稻鱼共生的种养模式，对提供农业品质，增强农业竞争力，实现农业增效农民增收是有积极意义的。

（一）山区县缓解“人地矛盾”的路径

青田作为一个山区县，山多地少，人地矛盾突出，稻田养鱼起初是村民为了填饱肚子想出来的生存之计。稻田养鱼对土地资源综合利用、立体开发，不需额外占用耕地就能实现粮食和水产品增产，有效缓解了人地矛盾，符合当地“山多地少”的国情需要。稻田共生的模式不仅仅提高了农民的收入，而且改善了生态环境。在广大的山区，由于耕地资源紧张、农民增收渠道较为匮乏。发展稻田养鱼可以缓解“人地矛盾”，助推山区县农村产业发展、农民增收。

（二）延长产业链，提高农产品附加值

青田县的田鱼除了活鱼现吃以外，还可加工成田鱼干，作为上等的送礼佳品。对农产品进行深加工，构建全产业链经营，提高农产品附加值是现代农业增收的重要途径之一。各地农村要充分利用生态优势，深入挖掘生态农产品，引导并扶持企业对生态农产品进行深精加工，将生态农产品的开发与农事体验、民俗体验等活动相结合，通过发展第二产业和第三产业加长产业链，创造更大的经济价值。

（三）博揽人才，助力乡村振兴

人才对于现代农业提质增效至关重要，在发展中应注重与知名高校、科研院所进行合作，定期请专家指导工作，优化农产品品种，减少病虫害，提高农产品品质。青田是著名侨乡，旅居海外的青田人经过多年打拼，积累了较为丰富的资金和人脉，掌握先进的技术。近年来，不断有华侨返乡，为家乡出资，支持家乡产业发展，推动了家乡产业振兴。农业农村发展可以发挥当地的乡贤力量，吸引乡贤返乡投资创业，引入先进的技术和管理水平。

（四）注重保护和弘扬传统文化

青田稻鱼共生系统历史悠久，在1 200余年的历史长河间流传着丰富的民俗文化，成为增加当地凝聚力和向心力的重要文化力量。文化与生产生活关系密切，在发展农业产业时，对于传统文化要注重发掘和保护。丰富的文化能够滋养人的精神世界，同时也是重要的旅游资源。保护好灿烂的文化，就是在创造财富。

（五）推动三产融合发展

推动特色农产品产业链的构建，应深耕种植、加工、销售三阶段，深度推动三产融合，因地制宜打造农文旅融合发展模式，开发乡村旅游和特色民宿业，打造研学基地。

诸暨市：保障粮食生产可持续发展

农业是国民经济的基础，而粮食安全是乡村振兴的重要保障。诸暨以“科技强农”为抓手，以扶持政策为辅助，重点聚焦粮食综合生产能力提升，加快提高粮食生产效率及效益，切实保障粮食安全。近年来，诸暨以农业供给侧结构性改革为导向，紧抓地方特色，以旱粮生产为突破口，推广新品种，推介新模式，普及新技术，使旱粮产业化取得突破性进展。据统计，2018 年，诸暨市旱粮复种总面积 29.73 万亩，总产量 7.56 万吨。总计建立省级旱粮基地 3 个，绍兴市级旱粮示范基地 2 个，诸暨市级旱粮示范基地 10 个。2021 年，“浙薯 956”秋马铃薯攻关田平均亩产达 2 179.41 千克，首创浙江秋马铃薯攻关田最高亩产纪录，获评省粮食增产保供成绩突出集体。2021 年，诸暨完成种植面积 51.68 万亩，位居全省县（市、区）第二位，粮食总产量 2.32 亿千克，位居全省首位。2021 年，全市农村居民人均可支配收入 46 535 元，同比增长 10%，增速较 2020 年增加 2.6 个百分点，两年平均增长 8.7%。城乡收入倍差缩小至 1.66，低于绍兴市水平 1.71 和全省水平 1.94，较 2020 年缩小 0.01。农业总产值达 78 亿元，增速 3.5%，居绍兴市第一。同时，诸暨市入围全国居民人均可支配收入最高的 10 个县域，是全国农村居民人均可支配收入最高的县（市）。

一、保障粮食生产的主要做法

诸暨市作为浙江省的重要产粮区，在乡村振兴推进过程中始终不放松粮食生产，通过科技强农推动农业现代化、鼓励性政策提高生产积极性、区域协调保障生产规模、产业融合加速粮食生产市场化、创新制度提质增效等措施切实提升粮食综合生产能力、助力粮食安全保障，把粮食安全作为推进农村经济发展的重要抓手。

（一）实施区域土地流转，稳定保障生产规模化

实行家庭承包制以后，农村的土地零散，人均土地面积较少，粮食种植难以形成规模效益，农民收益低，种植意愿低，土地撂荒现象严重。如何提高种粮的效益和生产的规模化，诸暨市积极实施土地流转政策。一是推出“季节性流转”模式。诸暨王家井镇推出“季节性流转”模式，种植早稻时将分散到千家万户的零散土地流转分配至种植大户手中，播种晚稻时再将土地返还到散户，此举既保证散户利益，也帮助种植大户取得规模效益。二是整村流转，土地调剂。枫桥镇杜黄新村实施土地整村流转加调剂模式，当地由村集体将村民的土地流转集中，然后统一分配给种植大户，同时调剂粮食生产功能区以外的土地给仍有种植需要的村民。此举形成村集体为桥梁的三方合作信任关系，兼顾散户与大户两头利益，利于长远发展。三是加强公共服务，为大户托底。土地流转的对象是种植大户，机械化生产逐渐成为粮食生产的关键，成为规模化粮食生产的必备条件，枫桥镇杜黄新村由村集体出面，购置农业机械设备以公共服务形式出租，鼓励种植大户稳定粮食生产，保障当地土地流转长远发展。

（二）推进科技强农建设，加速迈进农业现代化

诸暨深入实施乡村振兴战略，持续深化农业农村改革，全力打造现代农业。一是粮食生产提质升级，实现“浙样施（诸暨）”智慧施肥系统耕地土壤全覆盖，以测土配方等系列技术落实粮食生产功能区“非粮化”整治任务及肥药减量化目标。二是实施农业“双强”行动，着力打造农机创新研究试验基地及特色农业产业“机器换人”试点，加强农业机械创新及科技成果转化。三是培育新农人新主体，深入实施“两进两回”行动，结合“特支计划”培育农技新人才，巩固提升国家现代化农业产业园创建成果。

（三）促进产业融合发展，创新实现粮食市场化、规模化及产业化的关键在于打破小农经营的局限性

诸暨茂阳农产品配送有限公司率先形成第三产业带动第一产业的创新发展模式。该企业积极寻找当地学校、企业单位食堂等餐饮市场，并根据

各市场需求设立“快餐配送”和“净菜配送”两大业务板块，成功从第一产业逐步迈向第三产业，随后以销定产，稳步建立自己的销售市场。该企业从村集体流转土地，自行建设基础设施，然后转租给农民生产粮食，企业提供生产资料与技术支持，并下达生产计划。该模式解决了企业在农业规模生产中“土地流转”与“工人聘用”的成本问题，也解决了小农经营中的“投入”与“销售”两大难题。茂阳公司通过内循环模式，消除原来不同的利益主体，打通产业间限制，创新发展了“三产带一产”粮食发展模式。

（四）加快作物制度创新，推动探索种养模式化

以诸暨市山下湖乐桥家庭农场为例，其主要经营粮油、水产品的生产和销售。水产品选择市场价格高、效益好、养殖周期短的青虾作为主养品种，以鄱阳湖自然虾做种虾，早稻品种选用中早 39，主推稻虾生态种养新模式。主要做法为 4 月种植早稻，8 月养殖虾种，实现一季稻两季虾的轮作模式，利用生态、生物原理降低农药、化肥使用量，提升作物及虾的品质，达到“高效、低碳、生态”的种养目标。

（五）完善扶持奖励政策，持续推动种植规范化

近年来，诸暨不断出台农业扶持及奖励政策。如 2022 年诸暨印发《关于加快农业高质量发展的若干政策》，对政府的扶持政策作了明确的规定。一是推进规模种植补贴完善，按不同种植类别，对种植面积 50 亩或 30 亩以上的规模主体给予每亩 160 元或 50 元的补贴。二是推进生态种植，对按要求定额施用化学农药的主体给予每家 3 万元奖励，对于施用当地农业部门主推配方肥的按类别以吨为单位补贴。三是对于其他在生产规模、农机购置、粮食质量等方面满足条件的实行应补尽补，应奖尽奖。政府政策的引导及支持为粮食生产的提质增产提供了有利条件。

二、保障粮食生产可持续发展的建议

农业科技进步和生产方式的改革，尤其是政府政策的持续不断支持，提高了种粮的经济效益，调动了农民种粮积极性，确保了粮食的稳定增长。各地应结合实际，因地制宜，保障粮食稳定生产，提质增效，进一步

保障粮食安全。

（一）要确保将科技强农建设贯彻到粮食生产的全过程

农业生产水平直接影响粮食生产，唯有生产水平提高，才能保障粮食生产稳定、高效、长远发展。一要加快科技研发成果转化，同时确保科技产品适用于当地农业情况，采用智能算法及智慧系统等运作农业，为粮食生产提质增效保驾护航。二是农业主体应当加快生产机械化水平，使机械替代人工，提高生产效率，促进生产规模化。三是相关部门应当重视新农人新主体等创新型人才培养，为农业生产不断注入新鲜血液。

（二）要确保将土地流转模式推广到粮食生产的各个区域

粮食生产要兼顾效率与效益，不能盲目为了生产而生产，其中，破除土地零散分布的限制是保障生产效率的重要一环。在实际情况中，大部分农村的生产用土地零散归属于散户，村民间各自种植或者直接抛荒，粮食生产很难形成规模效益。各级部门应当结合当地实际，相互协调，将土地流转起来，为粮食生产大户提供必要的土地条件，鼓励生产大户利用自身资金、技术、设施及市场等优势发展粮食规模生产。同时，做好散户思想工作，以确切的利益保障让散户放心，结合种植制度、土地分布情况，实施“季节性流转”等措施。在大部分农村地区，土地流转是粮食生产效率效益并行提高的必要条件，应当加快将此类模式推广到有需求的区域，助力粮食生产。

（三）要确保将产业融合作用到粮食生产的产业链

粮食生产多为小农经营，分散发展，提高粮食生产效率及效益的难点在于如何以市场化促进产业化、规模化。农业是一个完整的产业，拥有完整的产业链，生产者应当跳出产业限制，利用二三产业的特性反向哺育农业发展。相关市场主体应当积极承接粮食的第三产业，同时结合第二产业现代优势，利用机械提升效率，从而达到反哺农业的目的。

（四）要确保将政策体系建设落实到粮食生产的每个环节

粮食生产的发展离不开资金政策支持，生产效率提高离不开农业主体的积极性提升。相关部门应当不断完善粮食生产方面鼓励政策，将政策优惠细分到具体板块，落实到具体细节。一要健全补贴政策，针对不同作物、不同规模、不同生产方式、不同生产条件等具体要素，建立完备、合理的补贴政策，做到积极引导农民、企业进入粮食生产市场。二要健全奖励政策，相关部门应当设立合理的生产目标，对达到生产目标、遵守农业制度及体现社会担当的农业生产经营主体进行资金奖励，以提高粮食生产积极性，促进提质增效。

永康市："田保姆＋田长制"的服务体系建设

农业是国民经济的基础，而粮食生产是农业安全的保障，如何解决农业增效农民增收是农业发展的难题。永康是全国工业百强县市，也是"七山一水二分田"的山区县，如何抓好粮食生产，走出一条工农互促、协调发展的乡村振兴之路，永康市进行了积极探索，创新实践"田保姆＋田长制"。通过当好"田保姆"做好保障，实施政策先行、金融服务、五优联动等措施，留住了本地和外地种粮户的"心"，致力解决了"谁来种粮"的问题；又通过创新"田长制"抓好管理，通过技术集成、田间服务、数字赋能、长效跟踪等手段，牢牢扭住种粮的核"芯"关键，致力解决了"怎样种粮"的问题。2021年完成粮食播种面积14.05万亩，总产量1.194亿斤，增长率位居金华市前列。永康市先后获评浙江省第三届"河姆渡"杯粮食生产先进县、省粮食增产保供成绩突出集体、省首批粮食五优联动示范县等荣誉称号。

一、推行"田保姆＋田长制"取得的实践成效

（一）现代农业初具规模，夯实粮食生产的基础

通过"田保姆＋田长制"中的资金扶持、政策鼓励、技术援助等多种手段，永康市已基本摆脱"包产到户、分田到亩"式的小规模农业模式，向着规模化、机械化、数字化的现代化农业模式发展。在规模化种植方面，据统计，自2010年起至今，永康市规模种粮大户从204户增加至226户，户均种植面积从295亩增加到425亩，分别增长10.78％、44.07％，规模化率达86％，位居全省前列；而在农业机械化层面，永康市2021年农作物耕种收综合机械化率达到89.02％，水稻生产耕种收综合机械化率

已达 91.46%，现有农机专业合作社 9 个（其中国家级农机专业合作社示范社 1 个、省级农机专业合作社示范社 4 个）、农机综合服务中心 3 个、农机服务公司 4 家、“数字农业”示范基地 3 个，无人机服务队 3 支、育秧烘干中心 26 个，分布在各镇（街道、区），布局科学合理，有烘干机 139 台，批次烘干能力 1 764.5 吨。2020 年服务农户 10 660 户，无人机植保服务粮食播种面积 5.2 万亩，有效提高农业生产效率和农产品的整体质量。永康农业数字化改革成效同样显著，由永康市承接的省农业农村厅七大数字化改革试点系统之一“肥药两制”获评省 2021 年数字经济系统优秀理论制度成果，并由此为基础被省农业农村厅统筹开发成“浙农优品应用”推广到全省，并荣获浙江省数字经济系统第一批优秀应用名单。依托“肥药两制”全程数字化“一件事”平台，永康实现全数据链互通，从农业资金的流向和使用情况到农产品的产地溯源、销路去向甚至农业废料排放都能被查询追踪，且追溯率达 90%以上。

（二）提高粮食单产量，确保农民增收效益得到保障

永康市在“田保姆＋田长制”的双重助力下克服了“七山一水二分田”的不利农业条件，依托现代化农业模式有效确保了粮食生产、农民收入的双丰收。粮食生产方面，永康市粮食总产和单产都十分优异，2021 年全市完成粮食播种面积 12.05 万亩，总产量 0.597 亿千克，增长率位居金华市前列。单季稻单产自 2010 年来已连续八年打破金华市最高亩产记录，其中 2015 年、2018 年为全省当年单季晚稻亩产之最，2018 年 7 块、2019 年 5 块单季稻高产田亩产超过 1 000 千克，粮食增产效果显著；在粮食增产的同时，永康市政府不忘农民利益，切实防止谷贱伤农、卖粮难的现象发生，永康市政府通过提高试点农产品收购量以及收购价格，促进农业增效农民增收。

（三）强化农业科技支撑，巩固耕地保障安全

通过“田保姆＋田长制”所提供的技术支持和智能监管，永康市从种子保障和耕地安全两个方面着手，积极保障粮食供应安全。一方面，永康市加强种子的引进、示范和推广，2021 年列入省农作物品种区域试验站（水稻），建设芝英桥里和石柱姚塘新品种展示示范基地 2 个，为浙江省水

稻新品种展示分中心，是全省科技种粮、新品种展示以及交流合作的重要窗口。全年实施水稻连片示范方 7 个、引进新品种展示 30 个、生产试验 2 个，筛选优良绿色品种嘉丰优 2 号、甬优 7 860 等多个适应性好的新品种，提高种子多样性，切实保障优质种子供应。另一方面，永康市结合“天巡地查”行动、铁塔基站安装摄像头、采用无人机巡查等方式，严格监控土地使用情况，防治耕地“非农化”。2021 年违法占用耕地比例仅为 1.05%，相较 2020 年同比下降 0.22%。近两年仅芝英镇一地就恢复了 1 200 多亩耕地，有效遏制了非粮化、非农化现象的发生。

二、深化“田保姆＋田长制”发展的思考

永康市在“田长制＋田保姆”上的大胆探索与实践，为发展粮食生产提供了有益的借鉴经验，也为农民增收和保障粮食安全两大目标的实现起到了很好的示范作用。但如何进一步完善“田长制＋田保姆”农业创新实践，推动农业发展和粮食安全，巩固农业的基础地位，值得思考。

（一）坚持农业技术导向，提高农业的科技水平

《国民经济和社会发展第十四个五年规划和 2035 年远景目标纲要》中明确提出，要完善农业科技创新体系，创新农技推广服务方式，建设智慧农业。科技作为第一生产力，无疑是推动粮食生产的强劲助力剂。尽管永康“田长制＋田保姆”中的数字农业问诊模式，依托“线上平台＋规模种粮”尽可能降低单位农业技术人员在一定时间所需匹配的农户数量，但在实际调研中，永康市也暴露出了农业技术人员老龄化严重、相关科室人员青黄不接等问题。因此要确保“田长制＋田保姆”的可持续发展，一方面要坚持农业技术导向，制定技术人才引进与持续激励政策，做到吸引人才、留住人才；另一方面要完善农村劳动力素质提升的培训机制，组织技术专家配合田长与宣讲员下到农田实地教学，提高农户的农业技术认知水平，加快农业机械化、数字化发展。

（二）完善土地流转程序，切实保障农户利益

农村土地流转和耕地细碎化是影响农业现代化发展的重要因素之一，

土地流转的合约形式及期限、租金变化、整合方式均影响着农户的经营规模。仅从规模种植的角度出发，通过“田长制＋田保姆”的机制将土地低成本、大规模流转给种植大户是提高种植效率以及农机设备投资回报率的关键因素。但据2018年全国家庭农场监测报告显示，浙江省土地转入费用为743.4元/亩，而全国平均转入费用为498.62元/亩。而在实地调研中我们得知永康市当下土地流转费用为600元/亩，低于2018年浙江省平均水准而高于全国平均水平。这一方面体现了永康市在农业土地流转问题上的重视以及“田长制＋田保姆”在降低土地流转成本上的成效，另一方面也反映了浙江省农业土地流转成本较全国仍处于高位。因此，地方政府需加大“田保姆”中的资金扶持力度，设立土地流转专项资金，切实降低土地流转成本，激励种粮大户扩大种植规模，从而促进农业向着集约化、机械化方向发展。同时，要依托“田长制”的管理经验与平台优势，在田长监管土地使用情况的同时赋予其监督规模种粮农户和农村散户之间的合约执行情况，通过“宣传＋指导”双管齐下的形式切实确保土地流转合约合法性以及合约执行稳定性，保障土地流入方的切身利益。

（三）拓宽农户资金来源，打通农村融资渠道

政府的政策帮扶，尤其是推动金融信贷资金流入农村的导向政策对现代农业的发展有着不可忽视的作用，永康市“田长制＋田保姆”中对农村融资渠道的拓宽以及对农民在金融信用层面的教育与科普具有较大的现实意义和实际诉求。从整体上看，涉农金融业务在浙江省大部分农村地区还存在较大缺口。根据对2019年浙江全省现代农业园区（粮食生产功能区）的调查，全省“两区”贷款需求尚有近70亿元的缺口。其中，基础设施建设需求缺口约为37亿元，生产流动资金需求缺口约为28亿元，其他需求缺口约为3亿元。要解决农村融资困难问题，一方面要通过政府引导＋市场参与的形式促进银行将业务下探农村，制定合理的绩效评估和放贷标准，同时在农民一侧加强金融信用宣传教育，方便农户贷款；另一方面在农民抵触正规商业银行也无法提供大额抵押物的前提下，政府通过财政贴息降低贷款利率，既能激励农民从正规渠道获取贷款，也能减少农民坏账的概率，降低对抵押物的需求，拓宽融资渠道，加速现代农业发展。

（四）完善“田长制”，发挥田长制的功能效应

“田保姆＋田长制”在助力粮食稳产增收的成效显著，但相关制度政策尚存可完善的空间。尤其是“田长制”一侧，由于基层田长本身的管理需求与其管理职能之间的矛盾，各地在接下来的落实过程中仍需进一步探索。一是明晰田长的权责清单，推进“田长制”的法制化进程。在正常情况下田长的管理模式以宣传和督促为主，一旦遇到必须强制执行的特殊情况，如何处理往往困扰着基层田长。因此，要制定田长管理范围细则和权责清单，明确管理手段及管理程序，同时加强田长在处理耕地违法行为时与自然资源、农业农村、司法、公安等执法部门的工作衔接，切实做到从“发现违法”到“督促整改”再到“强制执行”的整个管理链条上都有相关部门和专管人员负责，从制度层面为田长们履行职责提供保障。二是要建立一套合理有效的评估与激励体系，要在坚持现有耕地保护制度和政策制度的基础上，将优秀田长评比纳入考评体系，从耕地面积、耕地利用情况、粮食产出数额、农户评价等多个客观维度对田长进行季度绩效考核，强化跟踪评估力度。同时设立专项资金对村级及以下基层田长发放工作补贴，对绩效考核优秀者给予额外奖励，从而充分发挥基层田长的主观能动性，有效提高田长制度实施的经济、社会和生态效益。

第三篇

乡村旅游与乡村振兴

临安区：乡村旅游助力共同富裕

习近平总书记指出："我国农耕文明源远流长、博大精深，是中华优秀传统文化的根。"包括农耕文化在内的乡村文化，既是宝贵的精神文化遗产，也是重要的乡村旅游资源。传统村落、乡村文物古迹、乡村非物质文化遗产等承载着乡村文化，是发展乡村旅游的重要依托。推动乡村旅游发展，需要深入挖掘优秀传统农耕文化蕴含的思想观念、人文精神、道德规范，把乡村文化传承好、保护好、利用好，让乡村旅游在助力乡村振兴的同时发挥成风化人、铸魂育人的重要作用。为此，临安区坚持以社会主义核心价值观为引领，牢牢把握乡村文化发展的正确方向，不断提升乡村文化的品格品位，发挥乡村旅游产品的教育功能，让游客在潜移默化中感悟乡村文化、厚植家国情怀，让乡村旅游产品成为培育和弘扬社会主义核心价值观的生动载体。

一、发展乡村旅游的主要做法

发展乡村旅游，可以充分利用农村旅游资源，调整和优化农村产业结构发展农村旅游服务业，增加农民收入，同时也促进了传统文化的保护和传承，是实现共同富裕的一个重要的突破口。

（一）统筹规划，推广全域景区化新模式

在发展乡村旅游产业中，临安区围绕全域景区化的目标，按照全地域覆盖、全资源整合、全领域互动、全社会参与的原则，深入开展全域旅游建设，推进旅游村落建设，创建美丽乡村；通过整合这些村落的生态、产业、人文资源和禀赋，逐步实施旅游资源的转型升级；采用如龙门秘境村村联手、与景区结盟等方式，打造"自然生态型""景村结合型"等各具特色的村落景区，进而以点带面，实现全域景区化，实现"处处是景、时

时见景”的乡村旅游风貌。全域景区化的发展，符合“绿水青山就是金山银山”的科学发展理念，对于生态保护有重要意义，可持续发展能力强，是资源优化、空间有序、产品丰富、产业发达的科学的系统旅游模式。

（二）加强改革，做好村集体公司化运营

推广村股份经济合作社公司化经营改革试点，形成整镇、联村、单村等三种“强村”公司模式。一是按照小微权力运行机制，村集体公司可承揽村级 30 万元以下镇级 400 万元限额的 7 大类 18 项的小型工程。二是联合农商行出台强村公司免息贷款政策，每年最高可享受 150 万元免息贷款。联合保险公司专门推出强村险，将投保人的年龄放宽至 75 周岁。三是出台《强村公司运行管理“八规范”“九必须”“十严禁”》《关于开展强村公司财务审计的通知》，健全监管体系。截至 2022 年 8 月，已成立 141 家强村公司，已承揽项目 117 个，总价款约为 6 193 万元，预计获利 728 万元，涉及项目已经吸收农村剩余劳动力 24 779 人，其中 60 周岁以上用工占 42%。

（三）线上线下，促进民宿经济和谐发展

乡村民宿是乡村旅游的重要业态，是带动乡村经济增长的重要动力。临安民宿经济发展较早，通过将闲置的房子加以改造利用，结合当地人文、生态等资源优势，文旅结合，促进产业发展，同时成立民宿协会，实现自我管理，并通过线上线下渠道结合宣传当地文化，树立品牌形象。临安民宿在提高数量的同时提升质量，通过培训提高从业人员的素质和管理能力，规范了产业秩序，实现产业的转型升级，利用临安地区特有的山乡自然生态景观、乡村民俗文化传统和乡间农林渔牧生产活动，提供独具乡情乡韵的休闲住宿环境。到 2021 年底已有 1 756 家民宿，客房 25 088 间，床位 4 万多张，为临安乡村旅游的发展起到重要作用。

（四）加强创新，建立乡村运营官新模式

临安将乡村旅游的运营作为一个市场化主体进行计划，让专业的人来经营村庄，临安西部山区的石门村、大山村和龙上村，即合并规划为“龙门秘境”景区，面向社会招商，让运营商和村委会共同组建运营公司，从

建设转向运营，让运营商做项目、做运营，利用美丽乡村的建设成果将乡村资源变现，村集体以停车场、文化礼堂等设施入股，从中获取利润，同时临安出台了各项实施细则和运营机制，引导乡村运营工作，并吸引青年大学生和各类手工匠人返乡参与业态运营，形成由政府主导、市场运营的管理模式，激发了乡村旅游经济发展的内生动力。

（五）政策支持，政府紧密参与乡村建设

临安区把村级集体经济发展工作纳入乡村振兴战略实绩考核，纳入各镇（街道）主要负责人、领导班子综合考核评价的重要内容，纳入村级组织评先评优和优秀村干部评选的重要指标。修改完善《村干部报酬实施意见》和《关于规范村股份经济合作社绩效考核奖励的指导意见》，在实行“按劳分配”的基础上，指导各镇街完善奖惩机制。

二、发展乡村旅游取得的成效

在实施乡村振兴战略和全域旅游的背景下，临安的美丽乡村和景区村庄建设取得了令人瞩目的效果，不仅美化了生态环境，提高了经济效益，还增加了文化底蕴，对于农民增收和可持续发展具有重要意义。

（一）村集体村民收入不断增长

以“龙门秘境”为例，2018 年由高虹镇新农村建设有限公司与石门、龙山、大山 3 村联合组建村经济发展有限公司，实施“公司化”经营，并与运营商紧密合作开展经营业务，实现多方共赢。龙门秘境村落景区的石门村、龙上村、大山村，2018 年分别获得收益 10 万元、17.5 万元和 20 万元，2019 年三个村共获益 71.7 万元，2021 年“龙门秘境”所在三个村集体经营性收入达到 200 万元，农民人均可支配收入达到 4.1 万元，比 2017 年底分别增长 5.5 倍和 41.9%，实现三方共赢，推动“共同富裕”目标实现。

（二）乡村旅游产业不断增加

2020 年，全区有民宿（农家乐）1 708 家，房间 21 719 间，床位

41 269 张，餐位 73 214 个，其中，特色民宿 187 家，房间 2 000 间，床位 3 278 张，餐位 6 279 个，房间价格基本保持在每间 500 元以上。全区乡村旅游接待总量 1 135.06 万人次，实现旅游综合收入 9.42 亿元，其中，特色民宿接待 38 万人次，经营收入 9 257.8 万元。创建 A 级以上景区村庄 71 个，其中，A 级 35 个、AA 级 29 个、AAA 级 8 个。天目山镇武山村、龙岗镇五星村、河桥镇河桥村、太湖源镇临目村、天目山镇西游村、清凉峰镇白果村通过省级农家乐集聚村验收，临安区月亮桥改革试点入选浙江省首批民宿（农家乐）助力乡村振兴改革试点，高虹镇石门村创建成为全国乡村旅游重点村。

（三）乡村特色品牌影响力扩大

龙门秘境村落景区的石门村、龙上村、大山村加大品牌宣传推广力度，制作各产业和相关产品宣传视频 41 部，开展区域公用品牌吉祥物、人物 IP 孵化 2～3 个，为品牌宣传奠定基础。加大地铁、公交、广播、户外等传统媒体广告投放力度，在线上平台开展 618、双 11、双 12、新年等大促活动，组织电商节、挖宝节等固定活动 2 场。积极鼓励各镇街打造覆盖镇级区域、全品类、全产业链的镇域公用品牌或特色小镇建设 6 个，提升授权企业品牌包装，鼓励企业开展品牌视觉系统应用延展 18 个。

（四）文旅结合进程在不断深入

临安区通过文化打造保障乡村旅游的持续发展。临安的村落景区都有自己的主题风格，如“龙门秘境”“天目月乡”“忠孝文化”等。乡村旅游的设施建设和人文自然都有各自统一的风格，规避了美丽乡村建设中出现的同质化问题，展现出别具一格的魅力。如龙门秘境的打造就是通过收购或租赁了石门老供销社、石门敬老院等设施，全部用于打造文旅结合的乡村旅游产品和体验项目。得益于此，闲置资产也得到了充分利用，全区通过村落景区运营盘活利用闲置房屋 77 处、2.96 万平方米，租赁利用闲置土地 3 500 亩，落地文旅业态 60 家，总投资达 1.84 亿元。并借此诞生了一系列相关产品，如龙门秘境的“菊花宴”、湍口村落景区的非遗“烫画”体验项目等，颇受游客青睐。临安在乡村运营中恢复传统手工艺 34 种，挖掘乡村美食“一桌菜”10 套，创意包装农产品伴手礼 34 种，推出非遗体验项目23项，非遗乡俗已成为游客来临安村落景区休闲体验的兴趣热点。

三、发展乡村旅游的启发

临安区的实践，为乡村旅游发展做了有益的探索，提供了很好的经验和启示。在推动乡村旅游带动经济增长同时，推进乡村旅游模式健康增长，发展生态旅游，助力乡村振兴和共同富裕。

（一）全域旅游化是乡村旅游带动富裕的可靠方向

该模式最大的特点就是淡化门票概念，这不仅让居民与游客不受到景区规则的限制，更让村落居民与休闲游客之间的距离更近了，让两者之间和谐统一。全域旅游是跳出传统旅游的一种现代旅游方式，将整个旅游区的资源整合在一起，扩大了优势，实现了资源共享，带动了乡村基础设施上的投资，为村民们带来了福祉。全域旅游化让游客们在旅途过程中体验到一步是景、步步是景的画面，让游客们有了更好的体验，也能带动游客在旅途过程中的消费，促进旅游经济的发展。全域旅游化不仅能改善生态环境，建设美丽乡村，还能将自然风光和村民增收结合在一起，实现了绿水青山就是金山银山，增加了村民们的收益。推广全域旅游化的模式，可以让更多的村民受益。

（二）文旅结合是乡村旅游带动富裕的保障

要让乡村旅游不仅能发展快，而且发展的质量好，就需要特色的文化底蕴来支撑。文化是旅游的灵魂，旅游是文化的重要载体，两者是不可分割的。良好的文化氛围能够集聚人气，吸引更多的游客，文化也会随着时间的沉淀越来越丰厚，为乡村旅游的持续性发展提供可靠的保障。通过文旅结合也可以打造出自身的品牌，能使旅游消费市场和旅游投资市场更加具有潜力，文旅结合不仅挖掘了传统文化，还能作用于旅游的经济市场，延伸了旅游的价值链，提高了旅游致富的内生动力。

（三）民宿经济是发展乡村旅游带动富裕的一条重要途径

旅行除了沿途的风光外，最重要的就是食和住。在住的方面，能让游客更好地感受到当地的自然文化和生活方式，能给游客更多的归属感，而民宿恰好满足了这些方面。民宿有别于传统旅店的体验方式，能更好地吸引旅客到来。乡村民宿是一个规范的旅游产业，一个可复制的经营模式，一种具有新的活力的经济形式，能充分利用农村的闲置资源，是乡村旅游的一种未来趋势，具有广阔的市场，为村民们带来更多的经济利益。

（四）保障古村落原有风貌是发展乡村旅游的底线

古村落在规划建设的过程中不能为了片面地追求现代化而大拆大建，而应该在保留古村落原有的特色基础上进行现代化升级，让古村落的地方特色和现代化的科技有机结合在一起，使村民能感受到家的温暖的同时又享受到现代化生活的便利，使游客能感受到更具乡土风情味的乡村旅游的同时又震惊于现代化乡村的巨大变化。

大云镇：以“生态旅游+”打造共富最美样板

近年来，嘉善县大云镇积极践行“绿水青山就是金山银山”的发展理念，紧紧围绕打造“中国甜蜜度假目的地”的总目标，乘着旅游业“微改造·精提升”的“东风”，聚焦文旅产业发展热点和短板，以“体验精致、环境精美、设施精良、服务精心、运营精细”五精工程为抓手，逐渐探索出以“旅游+农业”“旅游+工业”“旅游+休闲”“旅游+文创”的“生态旅游+”创新发展模式，推动乡村发展高质量“大云样本”，走出了一条富有沿海平原特色的乡村振兴路子，获评全国文明镇、国家园林城镇、国家生态镇、国家卫生镇、浙江省旅游强镇、浙江省文化强镇等诸多荣誉称号。自 2021 年起，嘉善县大云镇全面铺开“微改造、精提升”工作，截至 2022 年 8 月底，入库微改造项目 45 个，计划总投资额 7 276.924 8 万元，竣工项目 36 个，完成投资 5 020.96 万元，解决问题短板 61 处。

一、“生态旅游+”模式的实践

（一）坚持规划引领，打造文旅产业版图

大云镇坚持以规划为引领，推动长三角生态休闲旅游度假区建设。一方面按照《嘉善大云温泉省级旅游度假区总体规划（2014—2030 年）》《嘉善大云巧克力甜蜜小镇控制性详细规划》一抓到底，布局构建度假区“一心、一路、一轴、五环、三组团”旅游版图；另一方面根据《嘉善县旅游业“微改造·精提升”五年行动计划》，分析研究自身优劣势，聚焦旅游“微改造”“绣花”功夫，立足“小环境”节点打造，为国旅创建做好基础，为嘉善全域旅游发展和县域大花园建设不断注入新动能。

（二）擦亮生态底色，全力优化景区环境

大云镇农旅融合的强大动力，源自“微改造·精提升”积蓄的势能。近年来，大云镇以全域美丽大花园建设为抓手，建成12.4千米的绿道慢道系统，新增自行车服务网点13个，推进市政路网结构优化和“四好农村”公路改造提升工程，成功创建全市首批“四好农村路”示范镇。同时，坚持以农业为底色，依托全域土地综合整治、全域农田流转、全域农房集聚、全域环境治理“四全”工作盘活存量土地、打造农田景观、拉动农旅开发。持续对十里水乡、游客服务中心周边绿化进行养护提升，实现美丽城镇建筑风格、绿化提升、节点景观等打造与度假区充分融合。不断丰富的旅游要素，补齐了旅游“短板”，为巩固提升景区承载力和品质，实现文旅特色型美丽城镇奠定了基础。

（三）跨村抱团发展，打造综合产业园区

大云镇通过飞地抱团两创中心，引来“共富活水”。针对村级物业项目土地难以集聚规模、行业难以成区提质、区位效益难以最大化等难点，大云镇采取了一揽子破难措施。大云镇把项目用地集中起来，把最好的区位用于建设小微企业园。大云中德生态产业园是以“花园式园区、3A级景区”为标准，以德国为主的欧美高端装备制造、精密机械及人才科技项目为产业导向，形成集工业、商务、旅游为一体的高标准现代生态园。其中，中德产业园B区以大云镇“两创中心”为核心，规划面积约200亩，把原先分散的土地指标化零为整，解决了一些薄弱村和腾退村存在的“实力有限无法投、没有地方无处投、看到项目不敢投”的问题，实现“飞地”集约布局，让全县薄弱村、腾退村都有机会参与抱团发展。同时，对标德国标准、注入生态理念、强化功能配备，充分依据大云镇高端装备制造业的产业定位要求。截至当前，德国道博模具、中德合资卓瑞精密机械、中新合资田工机电、新加坡塑德精密设备、英国弈烯石墨烯科技、加拿大林川生物科技等9家优质企业和人才项目已成功入驻，总投资3.4亿元，达产后预计产值将达到5亿元以上，亩均税收突破100万元。通过“飞地”抱团建设小微企业园模式，大云镇实现了“村内经营到村外、粗放经营到集约、分散经营到集中”的转变，也实现了“被动输血”向“自

我生血”的转变。同时，大云镇在此基础上，结合地域特色，把握形势发展，实施改革驱动，引导各村设计差异化发展路径，广辟村集体经济增收渠道。通过全域旅游开发，结合民宿运营、电子商务等实现旅游增收。

（四）聚焦重点项目，完善配套基础设施

大云镇全力提升度假区旅游品质，优化已有产业，提高旅游效益，努力推进新引进产业项目的建设，形成“以旅游集聚产业、以产业支撑旅游”的发展模式。先后发现并整治环境问题 1 000 余件、建成 12.4 千米的绿道慢道系统，投入 900 万改造提升污水零直排工程，并实现了城乡生活垃圾分类全覆盖，生活垃圾集中无害化处理；培育碧云花园现代农业产业园、歌斐颂巧克力小镇两大国家 4A 级景区项目，完成十里水乡水上游线沿线整治以及游客服务中心内部装修；邀请华东设计院进行长三角生态休闲旅游度假区城市设计编制，形成度假区风貌管控体系和标准，建设 13.6 千米的大云甜蜜花海风景线，建成了以云碟路、云海路为代表的农旅漫游示范线，形成了点、线、面贯通的美丽产业生态示范圈。自 2021 年来启动旅游业“微改造·精提升”行动以来，逐步提供功能设施精良、景区环境精美、配套服务提升的度假氛围，目前在建、已建旅游项目总投资达 145.5 亿元。2021 年共吸引游客超 150 万人次，实现旅游收入近 1 亿元。

（五）提升民生福祉，发展特色品牌经济

大云镇以缪家新村小区为起点，将文化礼堂、幸福广场、邻里中心、便民服务街、善城驿站·温暖家、智慧大楼、乡村振兴学堂、乡村文化艺术中心、丰乐合作社打造为缪家村“幸福十景”。总面积 29 705 平方米的缪家幸福广场，在原有文化广场基础上改建提升，并于 2022 年 6 月投入使用，包含幸福颐养、儿童友好、全民健身、音乐喷泉、空中栈道、幸福市集、幸福驿站等节点，是村民休闲娱乐、健身锻炼的主阵地。缪家村人的文化大客厅，也是抖音里的网红。此外，位于大云镇大云社区西庄街的云上书仓，由大云公社粮仓改建而成，占地近 400 平方米，藏书四万多册，内设读者接待中心、书报刊综合阅览室、电子阅览室等功能分区，配置自助借还等设备，是一个具有乡村本土文化特质的公共阅读空间。云上

书仓还打造了儿童阅览室和放映室，满足多年龄层的文化需求，规划健心客厅功能，发挥乡村复兴少年宫作用，定期开展儿童绘画、手工制作、名著导读、好书推荐等活动，使“读懂儿童、赋能家庭、温暖社会”的社会心理服务体系延伸至村社，实现物质和精神共同富裕。

（六）营造共享机制，构建农村综合性改革试点试验样本

大云镇作为嘉善县国家级农村综合改革试点的核心区，营造强村富民科学路径，探索形成“飞地抱团”强村富民模式，创新“民宿＋景区”美丽经济增收模式，建立村级集体经济参与下的资金合作、民宿开发、资产入股、景区运营等多途径利益获得机制。通过试点，形成了一批在全省全国叫得响、立得住的改革品牌。如，2018 年率先创新设立从土地出让金净收益部分中提取 10％的比例建立乡村振兴专项资金模式，“飞地抱团”强村发展模式入选全省 26 条经济体制重点领域改革典型经验，并荣获第五届浙江省公共管理创新案例优秀奖等。

二、推进“生态旅游＋”模式的思考

（一）政策倾斜支持，提升治理效能

“飞地抱团”发展模式的成功，离不开大云镇在实施过程中贯彻落实“最多跑一次”改革。大云镇紧紧依靠科技进步和发挥群众自主意识，构建党建引领治理新平台，实现乡村治理现代化善治。建立红云党建品牌，实现党群服务中心全覆盖，创新红色代办便民服务制度，推动“最多跑一次”改革向村级重心下移。一方面实行县委组织派员服务的“红色代办制”，推行打包服务、限时办结制度；另一方面，建立项目审批绿色通道，全面压缩审批时间，实现强村项目早竣工、早分红。

（二）建设项目转型，打造特色产业

在美丽乡村精品村、特色村建设的基础上，调整美丽乡村建设扶持方向，大力发展美丽经济。统筹土地流转、新型主体培育等组合拳，做精农业农村特色产业。做好农业“接二连三”文章，培育新型职业农民，推进景区村庄、多彩田园融合开发，构建乡村全域旅游。开发农产品旅游伴手

礼，打造农产品区域公用品牌，进一步提高农产品附加值，做好“农旅融合”发展。

（三）创新发展举措，拓宽增收渠道

以农旅结合为主导，将闲置的土地资源、山林资源、房屋资源效益最大化、最优化，做好“集体经济＋”文章，提高村集体经济造血功能。在生态环境优良、文化底蕴浓厚的美丽乡村，大力发展停车场、民宿、集体商业铺面等服务性集体经济项目。在农业产业特色明显的美丽乡村，统筹土地流转，大力发展现代农业园区，发展集循环农业、创意农业、农事体验于一体的乡村新业态，形成“景区村庄、农业观光园、农事体验活动”三位一体的发展新格局。调动村民参与旅游开发、乡村建设的积极性和主动性，打造美丽乡村共富图景。

（四）丰富基层文化，实现精神共富

共同富裕是物质生活和精神生活的全面富裕，共同富裕的实现离不开人民群众的精神富有。下一步，大云镇要立足于“勤劳致富，和善立家”的缪家精神，坚持以文化凝聚人心，进一步统筹整合农村党建文化网格，深入推进文化提升工程，加强文化服务阵地建设，实现“文化育村、文化兴村、文化富村”。

文成县：以民宿品牌带动乡村共富产业发展

近年来，文成县认真贯彻全省高质量发展建设共同富裕示范区的部署要求，依托16.8万华侨资源，顺应市场新变化和乡村产业迭代升级新趋势，积极整合财政资金，吸纳社会资本投资，大力支持乡村共富产业发展，创新推出“侨家乐”品牌民宿，“侨家乐”成为浙江三大民宿区域品牌之一，并被评为全省共同富裕示范案例。截至目前，创建并对外营业“侨家乐”民宿18家，累计接待游客35.6万人次，接待过夜游客16.3万人次，实现综合收入超过1.2亿元，激活全县闲置民房400余间，上下游产业链提供餐饮、住宿、导游等多种就业岗位，带动全县农民就业5 000余人次，帮助农户实现销售额近亿元。

一、以民宿品牌带动乡村共富产业发展的做法

（一）整合各类资源投入，全面厚植侨家乐民宿产业发展的基础

以“侨牌”共富为引领，通过扶持政策激励，发挥财政“四两拨千斤”的作用，撬动社会资本投向乡村建设，厚植产业基础，为侨家乐民宿业发展注入活力。一是制定扶持政策。制定“侨家乐”民宿专项扶持政策，统筹安排县级财政资金，对评为“侨家乐”给予补助，同时制定《侨家乐民宿不同等级选择项分值要求表》予以规范化引导，将“侨家乐”民宿由低到高分为一钻、二钻和三钻3个等级，根据环境和建筑、设施和设备、管理和服务等标准进行赋分，县财政分别给予一钻、二钻、三钻的“侨家乐”民宿10万元、20万元、30万元奖励。二是撬动社会资本投资。借助“侨家乐”创建，文成实现了侨商侨资的回归，打通了乡村振兴产业链条，助推共同富裕，发挥了引领、集成、多跨的联动效应，丰富了周边居民及游客的精神文化生活，也为周边居民带来了良好的经济效益。自

“侨家乐”推出后，文成县就吸引华侨回归近万人，侨资回流5亿元，落地亿元以上产业项目7个，这些资金与项目为乡村振兴注入强大动力。三是组建“侨家乐”民宿联盟。发布《文成县“侨家乐”民宿等级划分及评定》、“侨家乐”品牌LOGO以及“侨家乐”品牌民宿名单，成立文成县“侨家乐”品牌民宿联盟，引导民宿抱团合作发展。如武阳村创新成立“三位一体”侨家乐合作社，实行“侨家乐民宿＋村集体＋运维公司＋农户”联盟经营模式，将全村23家民宿纳入统一管理，实施1个龙头“侨家乐”民宿帮扶带动1个小民宿的“1＋1”联合体模式，实现客源高效有序分配，带动合作农户户均增收1万余元。

（二）支持单元载体培育，积极搭建侨家乐民宿产业发展的平台

协同各方力量，全力培育共富单元，积极创建未来乡村、农业经济开发区、特色美丽乡村等载体，切实为侨家乐产业发展搭建平台。一是培育未来乡村。以人本化、生态化、数字化为建设方向，以原乡人、归乡人、新乡人为建设主体，以“三基三主”为建设目标，开展省、市未来乡村试点两级联动创建，5个试点村创建共投入财政资金4 488万元，吸引社会资本投资2亿元，创成省级试点1个、市级示范村1个，促成“侨家乐”民宿高品位发展。二是培育农业经济开发区。农业经济开发区以二源镇为核心区，通过加大企业培育与招商力度，在省财政乡村振兴产业发展示范建设专项资金8 000万元支持下，累计投入2亿元，成功落地“鲁泽数字农业示范园”“天湖农都农旅游综合体项目”“红松茸优质栽培与高产发展项目”“草莓种苗快繁产业化发展项目”“食用花卉规模化扩种项目”等项目，带动侨家乐民宿发展跨越式发展。三是培育示范精品。在省财政助推美丽乡村“一事一议”专项支持下，累计投入6 000万元，融资投入美丽城镇建设10亿元，创建省级美丽乡村示范乡镇9个、特色精品村25个，促成侨家乐民宿集聚式发展。

（三）助力环境再造推进，努力扮靓侨家乐民宿产业发展的底色

美丽环境是底色，以环境再造为抓手，以环境洁美评比为突破口，推进乡村振兴示范带、村貌整治等各项建设，为侨家乐民宿产业发展扮靓环境。一是推进村貌整治。统筹安排“一事一议”资金2 000万元，以乡村

振兴示范带、未来乡村的创建村为重点，2021 年共推进村貌整治 43 个村。并以“两最三比”活动作为常态化督查机制，评选出“农村人居环境最差村”“农村人居环境最干净村”，切实促进村庄洁美、序美、绿美。同时，推进美丽田园建设，完善“田长制”，保证相关工作落实到位，实现每个田块保护责任全覆盖。每年安排美丽田园专项资金 200 万元，巩固提升美丽田园 1.2 万亩，高标准打造示范田园 4 块，常态化推进清洁化、生态化、景观化的美丽田园建设。二是推进乡村振兴示范带建设。根据实施乡村振兴示范带战略的要求，创建大峃文川龙韵、珊溪果香湖韵、巨屿水韵闲情、峃口云江秀水、百丈漈天湖闲情、畲乡风情、南田伯温故里、玉壶慢城侨情、铜铃山森林氧吧、二源高山田园等 12 条市级乡村振兴示范带。同时，为巩固提升乡村振兴示范带，在省财政集成创新示范建设专项资金 6 000 万元的支持下，累计投资 5.8 亿元，进一步扩大乡村振兴示范带的辐射带动能力。三是推进农村“三项革命”。安排 1 000 万元完善垃圾分类基础设施建设，全县新建提升村级标准化垃圾分类收集点 200 个。还分别落实农村生活垃圾分类任务村、巩固村各 5 万元，有序推进任务村和巩固村创建，使全县农村生活垃圾分类覆盖 100%。全县 465 个公厕以星级公厕创建标准为导向，实行农村公厕“所长制”，以农村公厕服务大提升为抓手，坚持有序推进、整体提升、建管并重、长效运维。同时，将农村生活污水治理设施运行维护管理委托第三方运维公司，落实运维资金保障，切实保障农污设施发挥效益。

二、以民宿品牌带动乡村共富产业发展的启示

文成县结合当地的资源条件和地域特色，创建品牌，集聚发展，促成“侨家乐”集群式发展，打通了乡村经济发展的产业链，形成了乡村振兴的共富模式，从而助推高质量发展建设共同富裕示范区山区样本的打造。

（一）发挥资源优势，推动产业发展

文成是山区县，更是加快发展县，经济基础薄弱县，但文成是著名的侨乡，并拥有生态资源优势，这是文成县的重要竞争力，也是发展民宿经济的基础，从而确保了文成民宿产业的发展。各地在实施乡村振兴，推动

产业发展必须结合当地的资源优势，找到发展经济的路径，这是推动乡村振兴，实现共同富裕的重要保障。

（二）做好品质，提升产业竞争力

文成的民宿产业之所以发展好，关键是做好品质，打造“侨家乐”的品牌，采取规范的标准，以维护民宿的声誉。品质是产业发展的基础，而品牌是品质的体现。在推进乡村振兴过程中，产业是基础，但发展产业必须要有长远的思维、长久的谋划，把品质树立起来，把品牌打造好，夯实产业发展的基础，以保持产业的竞争力，这是乡村产业振兴必须坚持的发展思路。

（三）增加政府的公共投入，为产业发展创造条件

在发展民宿产业中，文成县政府积极有为，财政积极支持，重点是为民宿产业发展提供必要的公共服务，创造好的投资环境，这是民宿产业发展的重要条件。各地在发展乡村产业过程中，地方政府不能大包大揽，也不是无所作为，政府职责的重点是提供公共服务，为乡村产业振兴提供公共服务和公共平台，这是乡村振兴必不可少的。

曹村镇：创新田园综合体发展模式

推动乡村振兴，实现共同富裕，产业是基础，创新是关键。有着“千年进士村，万亩天井垟”的浙江省瑞安市曹村镇，依托特有的生态资源与文化优势，采用多元化投入机制，以农业融入旅游业，以文化赋能经济，打造独特的曹村田园综合体示范带，进一步深化曹村“农业＋旅游”产业模式，实现了“让资源变资产、资金变股金、农民变股东”的发展要求，推动了乡村振兴，助力共同富裕的实现，成为农村综合体发展的典型代表。其成功的经验对乡村振兴助力共同富裕发展有借鉴意义。

一、田园综合体新发展模式的主要做法

田园综合体的发展关键要找到比较优势和发展方向，把资源优势转化为发展优势，以推动乡村振兴。曹村在田园综合体建设过程中，深入挖掘当地生态资源与文化特色，统筹整合政府涉农资金，与政府联动实施美丽田园、美丽河道等“六大美丽”工程建设，走“农业＋旅游”结合的发展道路，田园综合体建设总面积 54 300 亩。全镇 14 个村一起成立“进士旅游文化公司”，与瑞安市中青国际旅游有限公司（以下简称“中青旅”）合资成立乡悦文旅公司，更主动赴特大城市招商引资，积极联动乡贤等社会资本，高质量规模打造出生态化现代农业产业园、农业人才聚集地、省级研学基地等，实现人民共收，人民共创，人民共赢。

（一）良田改造，探索农业新业态

曹村地势地平，三面环山，经济来源以农业为主，曾是温州地区有名的涝区。天井垟河道狭窄淤积，排水系统薄弱，一到台风天，这里的农田就变成一片汪洋水滩，极大影响农民收成。在 2016 年，曹村镇坚决推出“涝区变良田”的改革，推出河道综合治理的多项措施，疏浚清理河道

6.5千米，将河面拓宽至40米以上，实现了从“涝区”到“粮区”的转变，更使得曹村的万亩良田得到优质开发。通过招商引资而来的艾米会集团，创新性地打造“生态化标准种植稻米”，以“规模化+产业融合”的方式对当地传统农田进行改造，坚持无农药、无化肥、无除草剂的“三无”生产模式，全程高标准生态种植并延伸开发胚芽米加工，融入文创元素，打造曹村农业品牌。

（二）产业融合，培育“农业+旅游”田园综合体

立足农文教旅一体化发展，曹村创造性地将当地农田与丰富的文化资源相结合，打造出“农业+旅游”的田园综合体发展业态。在大规模种植农作物且不破坏良田的基础上，开展“田园观光”旅游模式，投入9 000多万元，建设8.5千米的美丽公路、8.4千米的骑行绿道。在天井垟万亩良田核心区垟心岛上便可观赏田园美景，也可亲自下地采摘，将天井垟良田变成了景区。同时，曹村牢牢把握住天井垟三面环山和水网融合的天然生态优势，吸纳民间资本共计1亿元，引进“水、陆、空”三栖游玩项目，打造了集农旅、文旅、休闲、康健、调养等多功能为一体的田园综合体，使一二三产业深度融合。

（三）文化挖掘，打造特色研学

曹村有着“文都武乡”“中华进士第一村”等特色标签，更有传统花灯文化、进士文化、耕读文化、红色文化等八大特色文化，曹村镇深度探索本地文化底蕴，以文化赋能经济，投入3亿元创造性开发“曹村研学基地”，以曹村文化历史为内涵的国学课、花灯课进入研学课堂，打造出融合进士文化、耕读文化、红色教育、田园体验等多元素的特色研学旅行路线。其中，最受欢迎的便是以进士文化为核心，串联曹村各个研学点位，形成“耕读+访学”的特色进士游路径，年接待学生量超5万人次。

（四）村民抱团，多渠道获得收入

曹村镇坚持人民的主体地位，围绕浙江省委“突出建设现代化共同富裕基本单元，探索共同富裕场景集成落地路径”的政策导向，成立“村村入股，人人分红”的文旅共富平台——进士旅游公司，联动周边14个村

集体经济合作社入股，共同打造“瑞安市进士旅游发展有限公司”，统一管理与运营曹村的经营性农文旅资源，并承接村内相关经营项目。如建设旅游集散中心来代销农产品等，积极寻找路径，扩展平台，直接增加曹村全镇 2.95 万村民日常性收入，极大程度地提升了村民们生活品质，实现“让资源变资产、资金变股金、农民变股东”的发展模式。并与中青旅联合成立瑞安市乡悦文化旅游发展有限公司，负责策划与运营相关研学路径与研学教育基地，不仅在研学路径上有着更细致的突破，还开发稻田迷宫、进士小火车等相关文旅项目，提升了曹村田园综合体的发展潜力和竞争力。

（五）乡贤投入，利用社会资本带动产业发展

村集体经济原以农业为主，资金来源匮乏，曹村充分利用社会资本激活本村资金链。其中最为重要的便是广泛吸纳在外各行各业的乡贤，通过搭建好数据、联动、组织等三大平台，精准实施项目回乡、能力返乡、公益助乡、贤治兴乡四大工程，扎实落地乡贤资本投入。同时，曹村还成立了乡贤基金会，梦想基金会，不断探索乡贤文化底蕴，共同凝聚内外乡贤力量。2019 年以来，曹村成功落地“引擎型”乡贤回归项目 2 个，投资 11.5 亿元。曹村以最专业与完整的手段给予乡贤最大的保障，助力乡村稳固建设，踏实做好“贤治”工程。

二、田园综合体新发展模式取得的主要成效

曹村镇积极推进农业生产新业态的发展，成功招引全国首个 5G 智慧农业示范区——艾米万亩 5G 智能稻田项目，并打造集生态农业、文化体验、社会实践、研学教育、康养休闲等多位一体的田园综合体新模式。各村立足本村优势，科学探索，多方联动，建成体验不同曹村文化的不同体验点，全线串联，共同发展，展示出整体大于部分之和的理想效果。2021 年，曹村镇累计吸引游客 200 万人次，带动社会投资 2 亿元，带来旅游收益超 5 000 万元。

（一）农田收益扩大

曹村已流转 2 000 亩农田，全年农田水稻种植面积约 1.4 万亩，艾米

会集团帮助打造曹村艾米田园综合体现代化农业，创新性地打破传统农业种植模式，引进电信5G、华为芯片、无人机巡田技术等高科技，实施监测农田的光照、湿度、酸碱度等数值。同时，采用“水稻问诊”策略，线上的“庄稼医生”帮助农民实时解决各种作物问题，极大程度减轻农民负担，解决小农户“低、散、弱”的状态，提高生产效率。主打高品质消费，亩均收益可达到2 000元，提高了农业生产效益。

（二）农旅品牌效益凸显

曹村生态化现代农场运营状况良好，不仅打出了“农业＋旅游”的盈利模式，更是推出“电商＋农产品”销售策略，打通生产销售壁垒，帮助农户更好地增收。同时，曹村本地推出的“进士索面”“进士蜂蜜”等系列特色健康养生农产品品牌，原生态化种植结合当地资源优势，将农产品包装升级为文化娱乐的衍生产品，使其零售价提高25%，推向20多个专业化市场，让曹村农业成为曹村的特色招牌。此外，从研学路径衍生出来的文创品牌“进士小曹”也广受好评，八大造型各有特色，持续打响“中华进士第一村”的品牌。

（三）农民入股实现“全域”状态

村民作为股东入股的瑞安市进士文化有限公司，在2021年收益达190万元，全镇村集体经济总收入突破2 500万元，同比增长60%以上，10个村集体收入超百万元，村民人均年收入超3.3万元，实现了“村富带民富，村民共致富”的发展目标。同时，曹村镇着力开发的“研学旅游项目”以及进士品牌文创，在壮大了村集体经济之外，更使3/5的人口实现在家门口就业创业的便利局面，不仅使全镇村民享受到进士公司发展红利，生活水平有了可观的提升外，农村富余劳动力得到了充分就业。

（四）以文赋能促进产业深度融合

瑞安作为农村“三位一体”改革的发源地，聚焦“一体化、现代化、数字化、共享化”，一二三产业发展稳步坚固。曹村的传统花灯文化，以“花灯会”照亮乡村“非遗游”，吸引长三角游客前来观赏，带来超百万元收益。文化搭台、经济唱戏，曹村逐步加强一二三产业融合，实现高质量发展。第三产业的建设成果尤为显著，曹村全新的“水陆空”三栖旅游模式成功建设出拥有浙南地区最大的滑翔伞基地——瑞启滑翔青创俱乐部，充分利用水域资源打造的宏瑞游艇青创俱乐部，以及 8.4 千米的骑行绿道。产业逐步实现规模化、专业化，促进三产融合可持续发展。

（五）村域研学一线扩大文化影响

曹村镇对各村各区进行科学研究、特色凝练、主题把握、景观重修后，针对性地发展各自特色产业。在梅龙书院感受耕读文化、在许岙村感受南拳文化、在东岙村感受进士文化，形成一整条串联许南、许北、姜山、丁凤、东岙等五村的农村人居研学新路线。据统计，当地接待的研学者达 6 000 多人，游客接待更是达 20 多万人次，解决了当地 200 人就业，带动村集体增收 1 000 万元，

三、推进田园综合体发展的思考

推动乡村振兴，产业是基础，人才是保障。曹村通过田园综合体的发展，打造农旅结合的乡村振兴模式，走出乡村振兴的发展新模式。乡村振兴是个长期的过程，曹村田园综合体发展必须与时俱进，把资源优势和发展优势结合起来，把农业增效和农民增收结合起来，实现乡村振兴和共同富裕结合的高质量发展。

（一）品牌如何打造，寻一份独一无二

乡村旅游市场巨大，同类型村落繁多，如何在这些村落中脱颖而出，发扬自己的品牌极为重要。曹村以“文都武乡，瓯越粮仓”为主题，稻田文化与进士文化尚处于相对分散状态，必须坚持两者有机结合、有机融合，在坚持与尊重文化本身的自然与厚度的状态下，做到因地制宜，智慧兼容，相辅相成，更要处理好文化融合与旅游业发展的关系，以打造出属于曹村的田园综合体。

（二）故事如何讲好，立统筹发展格局

曹村预打造项目种类繁多，范围广博，细节繁杂，涉及天井良田区块

化建设，曹村综合环境整治，曹村旅游业运营管理等大类。因此，必须坚持以农业旅游为核心主体，把握核心，精准调整乡村旅游类型结构；同时，必须保障进士公司的收益下，实现系统谋划、各司其职、合理布局，整合研学旅游、乡村民宿、户外康体、休闲娱乐等新型业态，形成宜居、宜业、宜游、宜学的特色乡村振兴项目，讲好曹村自己的故事。

（三）流量如何变现，在流动中留住人

旅游业本身发展具有脆弱性，近几年受到疫情影响，极易停滞。因此，首先要对于村内运营管理有一套科学的管理模式，清晰自己的市场定位，同时，要做好宣传工作，牢固树立曹村独特形象。此外，更要把握品牌特点，做大乡旅产业的同时做细各种具体项目，增加农业旅游广度的同时，增加旅游本身的深度。乡村旅游要树立鲜明的乡村风格与品牌，保持独特的乡土气息，对优质资源加以创造性转化、创新性发展，让游客获得期望的“乡村记忆”。

（四）农民如何富裕，坚持三农的力量

必须贯彻“村富带民富，村民共致富”的办事思路，把农民增收粮食增产放在首要位置。因此，要大力发挥生态化现代农业发展格局的优势，带动更多仍采用传统耕种模式的村民实现高质量高效率生产，同时，在融入创新性技术的同时，更要以惠民利民懂民的思路，以最轻捷方便的方法指导村民运作，帮助年长村民更好地使用，提升生产效率。此外，还要不断改善农村的人居环境，加强农村基础设施建设，公共环境建设，补齐硬化、绿化、亮化、洁化、净化等短板，以环境养人心，以健康促幸福。

（五）节点如何突破，坚持人才创新的力量

要想实现乡村可持续发展，必须大力引进高质量人才。乡村有着不同于城市高强度高密度的工作环境与工作压力，同时也有着不同于城市高便利度与高繁荣度的环境优势，因此，乡村吸纳人才需要一套完整的事业发展规划与平台、人才发展与提升机制，依靠乡村独特的发展魅力与发展计划，广博吸纳人才加入，尤其是拥有乡土情结的返乡人才，凝聚乡贤力量。此外，必须制定引进和稳定人才的一系列优惠政策，解决人才在日常

生活、社会资源上的困难与需求，做到以待遇留人，更要以事业留人。

（六）政府如何引导，事业发展助燃剂

必须坚持政府这只“看得见的手”的作用，对乡村资源进行整合、对乡村环境进行评估，创造适合发展旅游业的各种条件，积极了解各村、联系各村。同时，完善乡村振兴多元化投入保障机制，不断充实财政优先保障、社会积极参与的多元化投入格局。而在美丽乡村、未来乡村建设上，要以乡村振兴示范带为抓手，助力农村基础设施建设，改善农村生态环境，打造美丽乡村。

小浦镇：农村综合改革推动乡村振兴华丽蝶变

2020 年，自长兴县小浦镇古银杏长廊获批省级农村综合改革集成建设项目后，长兴县财政大力支持古银杏品牌建设，支持建设银杏山庄、银杏古街、银杏博物馆等银杏主题特色民宿群及配套项目，为当地注入新活力，为周边群众提供更多“家门口”的就业创业机会。据统计，2022 年八都岕景区共有农家乐、民宿及酒店 100 余家，累计吸引周边近 2 000 名群众就业，人均年增收 1.5 万元。通过发展旅游产业带动周边经济助力共同富裕的实践对乡村振兴具有典型意义。

一、农村综合改革集成建设项目的实践

长兴县小浦镇古银杏长廊因遍布着古银杏而闻名。直到现在这里依然保存着 3 万多棵原生古银杏，是浙江三大古生态奇观之一，被誉为“世界银杏的故乡”。沿线 12.5 千米，处处有银杏树，更是集中分布了方一村银杏公园、大岕口关帝庙等 17 处充满“原、野、奇”味道的古银杏树群落，秋季是观叶的最佳季节，旅游资源较为丰富。该项目选址长兴县小浦镇，规划涉及 5 个行政村，总面积 43.18 平方千米，主要以推动农村转型高质量发展为目标，以“一心一廊三园”为总体规划布局，以“打造四大工程、抓好三大培育、实现四个创新”为主线，项目建设期为 2020—2022 年，总投资 40 001 万元，其中省级财政补助资金 6 001 万元，地方财政补助资金 6 000 万元，其他资金 28 000 万元。已完成 33 722 万元，其中省级财政补助资金 3 960 万元，地方财政补助资金 3 960 万元，其他资金 25 802 万元，省级资金执行率 66%，地方财政资金执行率 66%。2021 年，长兴县安排农村综合改革集成建设项目 1 个，分为四大工程 17 个子项目，目前已开工子项目 17 个，开工率达 100%。该项目预算 25 862 万

元，其中省级财政补助资金 2 920 万元，地方财政补助资金 2 660 万元，其他资金 20 282 万元。农村综合改革集成建设项目已完成投资 25 602 万元，执行率 98.99%，推动实现农业全面升级、农村全面进步、农民全面发展，高水平建成引领全省的乡村全面振兴样板区、农村综合改革集成试验区。

（一）创新管理模式，加强党建引领

项目实现“组织＋制度”融合，党建引领，区域抱团发展，合力强村富民。以古银杏长廊沿线 5 个村组建的全省首家经济联合总社——长兴八都岕经济联合总社党委作为议事机构，按照自愿联合、共同参与、风险共担、民主管理的原则，参与项目投资与管理，激发集体经济活力。

（二）创新投入模式，推动资源整合

项目转化资源为资本，深化农村综合改革，发展美丽经济。前期开展集体资源清产核资、闲置田地资源激活等工作，利用项目区的优势资源，招引樱花园、漂流、玻璃桥等 5 个项目，由八都岕经济联合总社以土地、水域、风景等资源入股，与社会资本合作，进行收益分成。

（三）创新产出模式，实现多元融合

项目围绕八都岕特色民宿，以十里古银杏长廊观光带为纽带，将现代农业产业园联结，从单一的观光游向体验农耕文化、乡村生活的深度游转变，将改革红利由景区扩展到农景园及周边村庄，辐射带动周边村庄集体经济发展。

（四）创新自治模式，变管理为治理

项目开创性地在村委会选举过程中召开户主大会，村党组织委员逐个上台向全体户主作“三项承诺”，村委会自荐人向全体村民作竞职演讲，并开展民主评议，让广大村民参与整个换届过程，选好人、选对人；同时结合新时代文明实践工作，推出了诚信档案管理，将破坏环境、违章建房、无理信访等纳入个人诚信档案，发挥文明诚信商家联盟，深化文明诚信档案的结果运用，让有德者有得，让失信者失利。

在项目推进中，采取以下举措：

1. 强化领导，提升工作高度

一是深入谋划实施挂图作战，明确各项目具体分管领导及负责人，实时跟踪；二是建立红黄色项目推进制度体系，每周公布进展情况，召开工作例会，确保各项目保质保量顺利推进。

2. 多方联动，扩大服务广度

一是选配专业实干的人才重点服务项目，随时对接、指导，解决实际问题；二是选择专业担当的社会力量入驻项目，邀请中国美术学院、湖州师范学院等专业团队参与项目设计，进一步提升整个八都岕古银杏长廊的品质。

3. 健全机制，强化监管力度

一是出台《长兴县农村综合改革项目和资金管理办法》，严格按照资金管理办法拨付资金，每月由乡镇上报实施进度表，财政联合农业农村部门现场核实后按进度拨付资金。二是将该项目列入县“月赛季考”考核机制，督促乡镇作为项目主体，高质量推进项目建设。对于农村综合改革集成建设项目，严格按照《关于印发〈长兴县农村综合改革项目和资金管理办法〉的通知》（长财农〔2020〕205 号）进行资金监管。在资金使用上，严格按照项目完成进度拨付资金，每月由乡镇上报《省级农村综合改革项目实施情况统计表》，统计完成建设内容、完成投资比例、项目账面支出、财政资金支出等数据，由县财政局、县农业农村局现场核实后安排拨付资金，确保资金落实到项目上，及时发挥效益。

二、取得的成效

2021 年农村综合改革集成项目共涉及规划面积超 2 000 亩，对 12.5 千米道路沿线景观进行提升，建设全长 1.5 千米的漂流项目和 616 米玻璃天桥项目。各项目主体均严格按照项目实施方案和批复内容进行建设，均按照县招投标限额的有关规定，通过公开招标方式选择施工单位，严把质量关，保质保量完成项目建设，工程验收合格率达 100%。

（一）经济效益

通过项目建设，改善了基础设施条件，推动了乡村旅游，生态观光等特色项目发展，为村集体发展经济提供了良好的基础条件。通过实施农村综合改革集成建设项目，项目所在地目前拥有各类农家乐、民宿及酒店100多家，直接从事旅游业及相关产业人员近6 000余人，2021年八都岕景区接待游客超107万人次，旅游经济总收入超1.6亿元。通过风景入股模式，与社会资本合作项目4项，村均年总获利润分红100万元以上，形成生态与收入的良性循环，村均集体经济经营性收入从2017年的15.4万元提升至2021年的170.3万元，成为长兴县首个所有村平均集体经济经营性收入超100万元的区域，农民人均纯收入增长25%以上。

（二）生态效益

通过项目建设，极大改善了村容村貌，打造了舒适、美丽的生活居住环境，推动了生态环境优美、公共设施完善、乡风醇厚文明的新时代美丽乡村。通过项目建设，“梅映乌龙”十里古银杏长廊美丽乡村振兴示范带初显雏形，省3A级景区村庄实现全覆盖，建成省级旅游风情小镇、乡村旅游产业集聚区、农村产业融合发展示范园，获评全国民主法治示范村、省级文明村。实施文化基因解码工程，创新开发“银杏”系列文创、“岕里婚庆”体验剧等产品。如许家老宅成为岕里婚庆民俗博物馆，方一老宅成为集文化展示、休闲、服务为一体的文明实践中心，方岩村搭建古戏台并让本村老少戏迷进驻表演，呈现了浓厚的“戏迷村”特色。

（三）社会效益

通过项目建设，切实解决了村级公益事业建设问题，积极探寻乡村振兴发展新路径，为农村经济社会转型、产业改造升级、基层综合治理和农民共同富裕奠定机制体制支撑。项目的建设进一步密切了政府与群众的关系，得到群众和基层干部的广泛拥护，经调查，农综改覆盖区基层党组织凝聚力明显增强，项目区农民满意度100%，项目区基层干部满意度100%。

三、对乡村振兴的启示

（一）党建联盟聚集共同富裕合力

党建强则根基稳，根基稳则共富兴。没有强大的组织力，高质量发展建设共同富裕示范区在基层就得不到有效落实。长兴县小浦镇采取组织联建、队伍联管、活动联办等形式，抱团发展，合力强村富民。以古银杏长廊沿线 5 个村组建党建联盟，着重在产业共建、资源共享、发展共谋等方面全面助力共同富裕，不断增强基层党组织的统合力、融合力、嵌合力，为共同富裕提供强大组织力。

（二）产业融合增添共同富裕动力

农村发展要依托自身优势，小浦镇八都岕借助省级农综改集成建设项目，发挥财政资金引导撬动作用。积极发展特色民宿，以十里古银杏长廊观光带为纽带，将现代农业产业园联结，从单一的观光游向体验农耕文化、乡村生活的深度游转变，推动产业融合，将改革红利由景区扩展到农景园及周边村庄，辐射带动周边村庄集体经济发展。近几年，八都岕成功吸引了龙头山玻璃天桥、银杏谷漂流、中国红樱花园、趣野营地、新恒绿创等众多社会资本入驻，总投资达 2.8 亿元，切实推动八都岕乡村旅游实现从“一季旺”向多元业态“四季游”转变，在共富之路上不断助力乡村蝶变。

（三）“户主大会”激发共同富裕活力

实现共同富裕要靠共同奋斗，只有人人参与、人人尽力，才能真正实现人人享有，不同主体都要在各自“机位”上开足马力。小浦镇通过创新户主（村民）大会模式，村党组织书记向全体户主报告、表态承诺，全体户主现场质询并开展无记名投票测评，结合区位特点、资源禀赋、发展基础，科学绘制共同富裕发展蓝图，有效激励干部实干担当，迅速激发共同富裕活力。村民变户主，事事都关心，事事都可议，户主大会成为群策群力、集思广益的“诸葛会”，实现了共同富裕道路上的“问民需”“集民智”“汇民意”。

第四篇

集体经济与乡村振兴

上虞区：多渠道促进集体经济增收

高质量发展建设共同富裕离不开村集体经济发展。上虞区在推进共同富裕中立足乡村实际、文化特色、资源禀赋等，以富民增收为导向，壮大村级集体经济规模，带动乡村经济长效增长取得了显著成效。全区 281 个村的村级集体经济经营性收入达 22 860.35 万元，村均经营性收入 81.35 万元，全面消除经济薄弱村，被浙江省委、省政府表彰为消除经济薄弱村工作成绩突出集体。

一、促进集体经济增收的主要做法

（一）优化政策引领集体经济增收

1. 明确方向

区委区政府出台《促进村级集体经济提质增收实现共同富裕三年行动计划》，明确目标任务，发展措施和政策激励，要求通过盘活各类资源要素、培育集体经济发展新增长点，促进村级集体经济提质增收，到 2023 年消除集体经济年经营性收入 50 万元以下村，村均经营性收入超过 100 万元。

2. 落实举措

区财政出台《村庄经营项目管理办法》，明确村庄经营项目的立项范围、建设要求、项目建设程序和资金拨付标准，以此作为实施巩固提升村级集体经济三年行动计划的具体举措，引领集体经济增收。在操作层面，制定了相应的制度措施和要求：一是明确项目收益要求，富裕村项目年投资收益不低于 7%，一般村和经济薄弱村项目年投资收益不低于 5%；二是明确项目建设期限，项目立项后应在 24 个月内完成审计结算工作，18 个月内未完成工程建设的，下调项目补助比例 10%，超过 12 个月未开工项目，予以取消；三是优先扶持一般村和经济薄弱村项目，鼓励“山海”协作和“飞地”抱团，与富裕村联建，在收益分配比例上向一般村和经济薄弱村倾斜；四是采用竞争性立项，按照专家评审结果择优立项；五是明确补助比例，单建项目按照富裕村补助 40%、一般村补助 60%、发展村补助 80%比例执行，最高补助 150 万元，联建项目补助 70%，最高补助 300 万元。

（二）强化扶持促进集体经济增收

1. 扶持村庄经营性项目

区财政每年安排 3 000 万元重点扶持村庄经营项目，2021 年立项项目 14 个，其中联建联购项目 11 个，单建项目 3 个，总投资 7 000 多万元，收益率最高的项目超过 10%，实现增收逾 560 万元。2022 年预计立项 15 个村庄经营项目，其中联建联购项目 10 个，单建项目 5 个，总投资超过 12 000 万元，计划补助资金 4 000 万元，项目收益率最高为 11.5%，预计实现增收 915 万元。

2. 扶持闲置农房激活

深入实施农村闲置农房激活计划，区财政每年安排 1 000 万元开展全域激活试点。各村每上报一户闲置农房奖励 200 元，对激活先进村奖励 20 万～80 万元；成立农房产权交易中心，打造“乡路网”线上交易平台，每年安排 100 万元运作经费；创新党建引领、创客抱团、虞商回归、乡贤返乡等闲置农房激活模式，累计激活闲置农房 4 332 幢，面积 150 万平方米，增加村级集体经济收入 3 000 余万元，工作方法和经验获得时任浙江省省长袁家军的批示肯定。

3. 扶持自身挖潜增收

将村集体经济增收实绩同财政转移支付挂钩，对通过自身挖潜，当年村集体经营性收入增收达到一定额度的村，优先安排乡村振兴扶持资金、表彰激励，对经营性收入新达到 25 万元、30 万元、40 万元、50 万元的村予以奖励，奖励金额按照上年经营性收入和达标金额差额的 100%予以补助，累计下拨资金约 3 000 万元。

（三）多方探索拓展集体经济增收

1. 发展物业经济

近年来上虞区财政每年安排数千万元开展村级公共设施大提升改造，

各村先后建成了集村民服务中心、农村文化礼堂、家宴中心、养老中心为一体的公建设施，原来分散建成的文化礼堂、家宴中心、老年活动室等资产处于闲置状态，区出台政策措施，鼓励各村因地制宜开展经营性用房、经营性场地改造建设，增加村集体经营性资产。如曹娥街道高田头村通过老办公楼改造，每年为村集体增收100余万元；东关街道马家桥村利用集体土地资源建堆场、库房等，村级集体经营收入年超300余万元。

2. 探索资本经营

推动村级集体经济市场化运作，盘活存量资产，挖掘经营潜力，培育村集体经济新增长点。其中上浦镇、下管镇及属地国企与村级集体之间试点组建强村公司，开展资产、资金、资源等要素流转；虞南片以投资乡镇旅游公司的方式，发展全域旅游；设立乡村环境维护公司，受托对村级环境卫生、公共设施日常管养运维，预计村均年增收35万元。

3. 盘活集体闲置资金

探索开展村居集体闲置资金盘活运作模式，在坚持依法自愿、安全增收、公开公平的原则下采取多种措施盘活村居集体闲置资金。规范程序，通过实施竞争性存放银行招投标，提高存款利率；采用委托贷款形式，将闲置资金定向投放到国有融资平台和国有企业，提高集体资金投资收益；实施村银共建，鼓励区内银行结对联系村居，建立共建关系，在资金、政策、项目等方面支持美丽乡村建设。

（四）产业融合带动集体经济增收

1. 打造美丽经济带

全域打造新时代美丽乡村靓丽风景，2021年投入财政资金3.5亿元，2022年预计投入资金4亿元用于美丽乡村建设，高标准建成虞南“山水诗踪”景观带、虞中“书香果韵”景观带、虞北“特色仙果”景观带等9条精品线路，串线乡镇旅游资源，大力发展农旅产业、民宿经济、夜间经济等新业态，将美丽村庄转化为美丽经济。2021年，共接待游客263.2万人次，实现旅游收入36.8亿元，实现鲜果销售27.6亿元，带动农户增收近1亿元，有力促进共同富裕。

2. 发展高效生态农业

通过创建省农业绿色发展先行县（市、区），建成粮食生产功能区

21.03 万亩，大力推进田园综合体和美丽田园建设，创建省级四季仙果特色农业强镇，正式启用“觉农·翠茗”茶叶区域公用品牌，探索建设“农创智谷”农创客产业园。做强做精现代农业经营主体，累计培育省级以上农业龙头企业 11 家、专业合作社 98 家、农创客主体 40 余个。

3. 推动农业双强建设

出台农业双强支持政策，制定区农业“双强”行动工作专班方案和常态化工作机制，细化分解重点工作指标。推进院地合作，确定重点领域项目合作，探索推进新时代乡村人才培育对策与培养平台建设，创新乡村振兴人才培育模式，实施“省农科院导师团队＋区农创客”帮扶结对联系机制，通过“专技研修＋政策理论＋创新创业＋示范带动”全方位培养，搭建科技服务拉动、产业辐射联动的桥梁纽带和孵化基地。推进省农业“双强”重点突破试点项目建设和“C4I 数控农业”创新示范项目，推进创新研究院建设。争创省综合性农业“机器换人”高质量发展先行县目标，确定 3 个特色产业（稻麦、畜牧、茶叶）列入试点。完成雾耕数字化工厂和种子种苗产能提升（种子生产基地）建设项目，以产业优化促进集体经济增收，农民致富。

二、进一步促进集体经济增收的对策建议

尽管上虞村集体经济增收取得了不错的成绩，但当前全区村集体经济发展不平衡问题依然存在，“北强南弱”的格局总体没有变化。2021 年村级经营性收入全区最低级别（35 万～40 万元）的村共 46 个，38 个在虞南山区。为此，必须进一步做好村集体经济发展工作，多方面支持推进集体经济增收。

（一）继续加大对村庄经营性项目的扶持力度

经营性项目主推整镇统建模式，集中财力办大事，避免资金分散，效益低下。如永和镇计划“四级联动、八村联建”增收共富项目建设，区、镇、村、国企分别投资和补助，计划投资 3 000 万元，预计年收益 300 万～450 万元，实现村村经营性收入超百万目标。

（二）组建区级强村项目

经济薄弱村通过入股区级强村项目，投资款通过银行贷款解决，项目投产后每年按照不低于10%的比例分红。协调上虞农商银行落实强村富民、助力共同富裕三年行动授信100亿元，贷款年利率3.6%。区财政按照贷款额度采用前三年全额、后两年减半的标准予以贴息。

（三）盘活整合集体资产

对村级集体资产，充分梳理，结合资产权属、性质、数量及经营状况，对权属清晰的资产，以对外投资或整体租赁的方式将相关资产注入文旅集团等国有企业平台。国有公司制定反哺政策，采取固定收益、经营性分红两种举措，对入股或者租赁的村级集体资产进行固定收益保底分配，在此基础上再根据经营情况实施分红，相关收益作为村级经营性收入。

永康市：村集体经济模式发展的探索

发展壮大村级集体经济是农村基层组织建设的重点，关乎农村基层社会稳定和群众切身利益。要做大做强村集体经济，必须激发农民积极性，盘活资产，让人力物力“活”起来。近年来，永康市积极探索村集体经济发展新模式、运营新机制、产业新融合，形成了政府与村民共同参与、资源共享与产业共创齐头并进的村级集体经济发展模式，走出了一条颇具永康特色的集体经济发展之路。

一、发展村集体经济的主要做法

农村集体经济是指主要生产资料归农村社区成员共同所有，实行共同劳动，共同享有劳动果实的经济组织形式。这种经济模式一改高投入、低产出的低效经营模式，整合人力、物力、财力资源，增强了自身凝聚力。永康在实践中探索出党建引领、国企参与、产业培育等村集体经济发展模式。

（一）创新股权机制，激发资金活力

在激发资本活力方面，通过不断实践，探索出了项目孵化模式，采用股份制的方式向多方筹措项目资金，提升集体资产开发利用广度和深度。如江南街道山门头村，以“乡贤＋村民＋村集体入股”的形式，筹款1 000多万元建起了岗谷岭景区。同时，各乡镇还创新了股权投资模式。镇级抱团以合适价格依法竞拍企业或个人所持有的永康农商行股权，通过股金分红和股权转增以及农商行共富基金等途径，实现了较好的投资回报。

另外，全市多个小微企业园采用物业租赁模式，通过建设村集体物业出租获得稳定收入，壮大村集体经济，创新村集体联建和村企共建小微园

发展新模式。如西朱村集体联建的电子信息产业园，由市政府统一承租，用于发展电子信息产业。

（二）创新参与模式，最大程度整合资源

党的号召力和凝聚力是保障村集体模式顺利实施的基础。永康各基层党组织探索出党建引领模式，以党员干部为先锋，以党组织为单位，组织形式多样、内容丰富的党建活动，有效激发干事创业热情，充分发挥基层党组织战斗堡垒作用。在芝英镇雅庄村，基层党组织发动建设集楼下智慧菜场、楼上超市和高层住房为一体的商业综合体。同时，国企、民营企业也充分发挥其产业、技术、管理、资金等优势，三方联动共同参与到村集体经济发展项目，最大程度融合企业、农民和村集体的资源，让效率最大化，为村集体经济涌入源源不断的“活水”。如金汇集团谋划丽州商城停车场项目，由芝英镇松塘园村和芝英二村投资 200 万元，通过保底方式每年为村集体增加收益 20 万元。

针对偏远村单兵作战能力弱、村落水平参差不齐的实际，永康因地制宜实行了飞地抱团模式，强村弱村优势互补，发展能力较强的村利用自身优势向弱村倾斜，统筹整合资源，抱团发展物业经济，获取固定租金收益，最终实现强村带动弱村，富村带动穷村的发展。如古山智慧物流园项目，由舟山镇和古山镇飞地抱团，落地古山镇，建设电商服务综合性项目，配套电商及电商服务大楼、人才公寓等功能。

（三）因地制宜发展产业，使资源利用最大化

一是针对某些农业特色村落，当地采用产业培育模式，整合本村资源，以市场需求为导向，构建农业与二三产业交叉融合的现代产业体系。例如，石柱镇池宅村就以稻鱼养虾为切入口，发展农业产业和休闲垂钓业态，在增收的同时实现了产业完美转型。针对风景优美的村落，当地衍生出文旅融合模式，发展影视旅游等第三产业，实现了资源“无痛”变现。二是针对那些空心村落，村民合作运行闲置农房盘活模式，树立村庄经营理念，深入挖掘农村现有资源，实现综合开发。三是针对区位条件好、商品经济发达的村落，则应用仓储物流模式等优势，构建电商小镇，大力发展仓储物流业，继而发展出直播带货等新型业态。四是针对那些基础设施

薄弱的村落，采取新农村有机更新模式。譬如古山三村就趁着小城镇建设以及农房改造的契机，对原有的马路菜市场进行了改造提升，将一些零散的模具加工企业整合到集中的模具城，因地制宜，真正把钱花到刀刃上，实现了各个村落的“无痛蜕变”。

二、发展村集体经济的主要成效

永康市大力推广和发展村集体模式不仅巩固了基层政权，而且壮大了集体经济，促进了产业融合，真正实现了经济、社会的“两手抓”。对于促进村集体经济的增产增收、特色产业发展、发挥基层党组织战斗堡垒作用、吸引优秀人才回乡等都起到重要作用。

（一）壮大了集体经济

村集体经济模式探索、发展过程中，各村根据产业基础、区位优势、资源禀赋等基础条件，探索出党建引领、国企参与、产业培育等村集体经济模式，实现了集体资产保值增值。永康市现有 424 个村（社），总资产达 140.26 亿元，村集体存款 36.74 亿元，年总收入达 10.37 亿元，其中经营性收入达 9.10 亿元。各个村落多方配合、因地制宜，均带来了良好的增收效果。比较典型的有西溪镇寺口村，该村以地理优势和自然生态资源，打造“西溪影视基地”，并辐射周边 12 个村，每年吸引游客 30 多万人次，村集体每年实现增收 200 余万元，走出一条壮大集体经济、提升人居环境、改善村民生活的快车道。

（二）巩固了基层政权

永康各村在实践中利用党建引领模式的优势，充分发挥基层党组织战斗堡垒作用。芝英镇雅庄村创新党员、干部、村民代表“三支队伍”同质化管理，有效激发干事创业热情。在基层党组织的带领下，建设了集楼下智慧菜场、楼上超市和高层住房为一体的商业综合体，投入使用后，村集体年增收 60 万元。这一举措激活了村集体经济，为村支部的建设、村内公益事业的开展不断引入“活水”，密切了党员干部与群众的联系，促进了基层组织建设，巩固了基层政权。另外，党建引领模式还通过推动产业发展，吸引了一批优秀人才回乡创业，为村落的建设储备了强有力的人才库。

（三）促进了产业融合

各村坚持市场导向，围绕本地资源、产业等优势，通过产业培育、文旅融合等模式，促进特色产业发展进而促进农业与二三产业融合发展。石柱镇池宅村以稻鱼养虾为切入口，发展农业产业和休闲垂钓业态；西溪镇寺口村，以地理优势和自然生态资源，发展影视旅游等第三产业，打造“西溪影视基地”；城西新区花川村充分利用区位条件好、商品经济发达等优势，建设电商物流小镇，打造直播基地，大力发展仓储物流业，继而发展多种新型业态，实现了一二产业与第三产业的融合发展。

三、推进村集体经济的思考

永康市的实践，为村集体经济发展做了有益的探索，提供了很好的经验和启示。发展村集体经济要在促进村集体增产增收的基础上，因地制宜发展产业，做强做优主导产业，建立健全激励机制，加强机制创新。

（一）做强做优主导产业，创新产业发展模式

推进农村集体经济发展的基础是在乡村振兴进程中推进产业兴旺，做强做优主导产业，创新乡村主导产业发展模式。一是因地制宜定位和培育主导产业。永康在未来发展中应立足自己的五金产业和五金文化，结合自身工业和农业发展现状，科学规划集体经济发展的重点和方向，宜农则农、宜工则工、宜游则游。主导产业的定位不宜一蹴而就，应坚持规划先行和循序渐进，在起步阶段应尽可能选择风险低、竞争小、收益稳的行业领域，基于此不断调适、摸索未来发展的主导产业。二是深化产业供给侧改革。积极迎合经济社会发展需求动态调整、优化产业结构，不断延伸产业链、提升价值链、优化供应链，加快培育新产业、新模式、新业态。同时，大力推广物流管理，以订单合同为核心，利用互联网促进家庭农业和企业联合，大力发展仓储物流业，继而发展多种新型业态。三是立足永康工业发展，推动农村产业与先导工业融合发展。一方面，推动乡村三产

“小融合”。通过转变传统农业生产方式，推动农业从产量增加到质量提升，促进农业和加工业、服务业协同发展，走一二三产业融合发展的现代化道路。另一方面，推动城乡三产“大融合”，促进城乡需求对接、资源互补、产业互通，打造以县带乡、以乡带村的城乡融合发展格局。

（二）建立健全激励机制，创新激活内生动力

要加强基层组织队伍建设，激活乡村内生发展动力成为重中之重。一是需要加强村集体基层组织建设，重点选好村委干部和村党组织带头人。将专业技能强、文化程度高、思想观念开放的新乡贤和年轻一代，吸纳到村两委，优化村干部的年龄结构、文化层次。以村组织换届和第一书记机制为契机，拓宽村支部书记的选聘视野，将致富能手、经商达人、优秀高校毕业生等纳入村支部书记的选聘范围，着力选聘德才兼备、经验丰富的“领头雁”，打造一支过得硬、懂经营、善致富的基层干部队伍。二是需要重视新农人人才的发展。一方面，通过资源盘活、产权开放和营商环境优化等举措引导工商企业家、职业经理人和专业技能人才等返乡创业或领办集体企业，着力打造一支现代化运营团队；另一方面，加强与涉农高校、科研院所和工商企业的对口合作，重点打造一批热爱农村生活、具有农业专业知识背景、善于经营管理的新农人。三是将党组织建到产业链上，强化党建引领。将党支部建在产业链上，秉承“产业发展到哪、支部就设到哪”的原则，促进集体经济“一盘棋”布局，提升产业发展的协同性和整体性，助推党建与集体经济发展同频共振。

（三）加强机制创新，建立多元主体利益联结机制

立足共同富裕的要求，发展壮大新型农村集体经济，应加强机制创新，促使乡村集体经济发展成果为广大村民共享。一是持续推进农村产权制度改革，着力保障农民的收益分配权。二是建立联农带农机制，打造互利共赢的新发展格局。创新多种联农带农模式，通过专业化合作、社会化服务、产业化经营，将集体经济组织打造为扶“弱”助“小”、惠农兴村的重要载体，不断提升集体经济带富、致富能力。

武义县：强村富民促发展的实践

武义县作为山区县和经济加快发展县，城乡居民收入、南北区域发展差距较为明显。近年来，武义县迭代升级“下山脱贫”为“兴城共富”，创新推出“强村十法”“富民增收二十招”组合拳，通过资源重整、产业重塑、创新驱动等系列举措，有效拓宽农民增收渠道、推进区域协调发展。2021 年，年收入 20 万元且经营性收入 10 万元以上的村占比达到 100%，农村居民人均可支配收入 23 778 元，比上年增长 12.8%，增幅位列全省前茅。

一、强村富民的主要做法

（一）迭代升级“下山脱贫”，“点土成金”推动资源富民

1. 盘活农村土地资源，变“山民”为“市民”

按照“政府引导、农户自愿”原则，面向饮用水源保护地村等六种类型村落实施“宅基地有偿退出”机制，对搬迁农户给予相应补助，做到居住地、身份、职业一起换，生产生活一起转，三年计划让 1.5 万山民一步到位变市民。目前已达成整村搬迁意向 20 个行政村、41 个自然村，预计可腾出建设用地 832 亩，新增耕地面积 665.6 亩。2021 年，1 700 余名山区群众在县城或中心镇安家落户、顺利就业，人均可增加财产性收入 20 万元。

2. 盘活农户闲置资源，变“散户”为“大户”

构建“流转—收储—招商”农村土地流转新模式，建立镇县两级“土地银行”，鼓励村级组织流转农户手中零散、闲置的土地统一存入“土地银行”，领取利息，再由“土地银行”将土地整体划块后，“贷”给愿意种植的农业经营主体，构建“龙头企业＋专业合作社＋低收入农户”联结模式。如浙江寿仙谷医药股份有限公司与壶山街道达成共建万亩国药基地协

议，一期流转土地 3 000 余亩，开展“药粮连种”“稻药轮作”，预计可带动 6 个行政村集体增收 270 万元。

3. 盘活农村集体资产，变“村民”为“股民”

收储整合村闲置建设用地、农房等，以出租、入股、合作等方式，培育发展新业态、新经济；探索多元化股份众筹方式，村集体以资源、资产入股，村民以土地、劳动力入股，构建混合所有、共享发展的新型集体经济实现形式，推动资源变资本、资金变股金、村民变股东。全县累计实施村集体闲置用地盘活项目 49 个，年可增加经营性收入 449 万元。下徐宅村 314 位村民以土地入股，发展中药材等林下经济，每年人均分红约 6 000 元，村集体年增收 20 万元。

（二）转型提升“三大支柱”，“绿色引领”推动产业富民

1. 做优有机农业，变“土疙瘩”为“金疙瘩”

立足获评全国首批有机农产品认证示范区的基础优势，深入实施有机农业提质行动，依托龙头企业，培育核心基地，推动有机茶、有机国药、食用菌等富民优势产业全产业链发展、全价值链提升。截至目前，全县共有茶园面积 11.51 万亩，茶叶产量 2.03 万吨，产值 12.03 亿元，共有茶农约 6 万人，人均年收入约 2 万元；中药材面积 2.67 万亩，产量 0.26 万吨，全产业链产值达 13.3 亿元。创新食用菌公司探索“菌光互补”项目，以光伏电站代替原有遮阳网，年产食用菌 1 125 吨，吸纳周边村民 200 余人就业，人均增收 1.5 万元，带动全县食用菌产业产值突破 2.3 亿元。

2. 做活乡村旅游，变“好风景”为“好钱景”

依托丰富自然资源禀赋和深厚文化底蕴，整合资源，串点成线，在推进美丽乡村、美丽田园建设的同时，挖掘乡村美食、民俗文化和农特产品等资源，培育生态游、观光游、休闲游等农旅融合产业，实现美丽乡村带动美丽经济。如履坛镇坛头村以古建筑引入产业为基础，从 103 户农户手中流转濒临倒塌的古建筑 6 000 余平方米，配套建设了集旅游观光、生态宣传、文化创作于一体的产业园；引进田庐文创公司、藏锋文创公司、婺州窑体验馆等 16 家企业入驻，村集体经营性收入从五年前的 5.2 万元增长至 96.33 万元。

3. 做大超市经济，变“个人富”为“共同富”

组织超市商会网络，引导、帮助各地武义超市经营者抱团发展，实现从零售小店向大型购物中心的转变，闯出一条特色致富路。截至目前，在长三角地区，拥有营业面积 1 000 平方米以上的超市达 100 余家，营业额超 5 亿元超市 5 家，超亿元超市 15 家，超 5 000 万元超市 30 家。在示范带动下，全县涌现出 20 多个超市专业村，已有 2 万余名农民在全国各地开办超市 1 万余家，带动 10 余万人就业，年销售额超 600 亿元，是全县生产总值的 2.5 倍。

（三）大力发展“双线经济”，“要素融合”推动创新富民

1. 发展农村电商，变“单打独斗”为“抱团取暖”

立足县域轻工业终端产品丰富的优势，实施多层次电商主体培育工程，大力推动农村电商与本地特色产业融合，构建“电子商务＋特色工业产品”融合发展模式，促进工业园区周边村电商集聚发展。配套搭建定时定点定线路的县乡村三级配送网络，构建“共享分拣、集中配送、联收联投”的“竞争＋合作”共配模式，实现各快递公司间线上数据、线下自提网点等资源共享共用。截至目前，全县共有中国淘宝镇 3 个、中国淘宝村 15 个、电商集聚区 9 个，带动就业 1.56 万人。整合 314 个四好农村路网点、370 个农村电商点资源，建成农村物流网点 240 个。

2. 重塑供销模式，变“线下吆喝”为“双线共振”

以省级“互联网＋”农产品出村进城工程试点县为契机，整合县域内优质电商农产品资源，建立农特电商产品目录资源库、农产品网货供应中心、数据展示中心等，涵盖全县 50 余款农特产品，实现小农户与大市场低成本对接。整合县域内“益农优＋”“武阳春雨”微商城网络直销平台，开通“网上农博”绿色通道，通过“武阳春雨”“宣平小吃”等区域公用品牌，针对性推广运营优质农产品。全县 40 家企业、25 个品种近百款农产品已签约区域公共品牌。2021 年武阳春雨茶品牌估值 21.37 亿元，被评为最具品牌溢价力的三大品牌之一。2021 年，县益农平台产销对接金额达 4 400 万元，网上农博入驻产品 226 个，完成产销对接平台 32 家。

3. 深化多方联建，变“孤军奋战”为“共建共享”

县域外，依托山海协作行动，与海宁市合作建设武义—海宁“飞

地”扶贫科创产业园，吸收全县 86 个村集体经济薄弱村入股，重点引进高科技企业和省八大万亿产业项目，产业园建成后，前十年采用包租固定回报加地方税收留成分成方式，每年返利 1 200 万元，实现“消薄”托底。县域内，探索开展“南北协作”，鼓励南部山区村腾挪建设用地指标置换到县城和东北部经济发达镇村发展异地物业，实现多方共赢、抱团致富。截至目前，武义—海宁“消薄飞地”已为 107 个行政村分红 1 392 万元；柳城畲族镇、桐琴镇联建桐琴电子商务产业园，实现年收益 527 万元，带动桐琴镇 19 个经济薄弱村、柳城畲族镇 33 个经济薄弱村消薄。

二、强村富民促发展的启示

强村富民实现共同富裕的重点在农村，难点在山区。武义县立足山区县和加快发展县的实际，发挥人的积极性，把资源优势转化为发展优势，实现了强村富民的发展目标，推动了山区县的跨越式发展。武义县的做法对山区县和加快发展县的共同富裕建设是有启发的。

（一）要把山区县的资源优势转化为发展优势

推动共同富裕，核心是要做好发展的文章，把经济的蛋糕做大。而要把经济发展好，必须立足山区的实际，充分利用好山区的优势，主要是生态优势，把青山绿水转化为金山银山，大力发展乡村旅游业，让乡村的经济火起来。同时，要调动人的积极性，让老百姓参与到乡村振兴的实践中，参与到市场经济的竞争中，通过发展实现共同富裕。

（二）要把强村和富民结合起来

强村和富民是一致的，强村是富民的基础，而富民又是强村的保障。推进乡村振兴，实现共同富裕，必须加快农村经济发展，让农民有就业和创业渠道，把农民的收入水平提高，使共同富裕有基础。同时，共同富裕的实现离不开村集体经济的发展，要盘活村集体的资金、资产和资源，把村集体经济发展起来，增强村集体的经济实力，使村集体有能力推动共同富裕的实现。

（三）要推动城乡和产业的融合发展

要缩小城乡差距，关键是要发展农村经济，发展农村经济必须走“城市支持农村，工业反哺农业”的发展思路，把更多的农民转化为市民，把更多的城市资源尤其是政府的公共服务资源加快向农村延伸，实现城乡之间的均衡发展。同时，农村的产业要做强，通过农旅结合、文旅结合等方式，实现一二三产业的融合，把农业的产业链做长，提高农业的附加值，增加农民的收入。

山门头村：从负债到富裕的蜕变

乡村振兴产业是基础，共同富裕是目标。山门头村位于永康、武义、缙云县市交界，隶属于永康江南街道，由上山门村与下山门村两村合并而成，经济基础薄弱，曾是个负债村。山门头村自2019年起开始规划乡村旅游——岗谷岭景区，将区位优势转化为发展优势，将生态优势转化为经济优势，2020年开始建设，2021年5月份正式营业，经过一年时间的运行景区营收达1 000余万元，把一个集体经济负债150多万元的困难村发展成为集体经济200万元收入的富裕村。山门头村以党建引领，村民集体入股，发展乡村旅游，实现乡村振兴，达到共同富裕的做法是值得借鉴的。

一、乡村振兴的主要做法

山门头村生态优美，区位优势明显，但苦于没有优势产业，村集体经济薄弱，农民增收难。如何把资源优势发挥好，让青山绿水成为金山银山，山门头村新两委成立以后，把发展乡村旅游作为乡村振兴、共同富裕之路，并取得了实效。

（一）厘清致富发展思路，积极打造主导产业

山门头村之所以落后，集体经济发展困难，关键是没有强竞争力的产业。山门头村经过广泛的调查研究和考察取经，深刻认识到了山门头村自然资源丰富的优势和村内始终未能形成有效的支柱产业的劣势，这是村经济发展困难的关键。结合安吉余村成功经验，按照“保护第一，科学规划，合理开发，永续利用”的发展思路，充分考虑到了山门头村自然资源丰富的优势，提出“文旅融合推动乡村振兴”的发展目标，将山门头村优美的自然环境与刺激的运动探险相结合，积极打造岗谷岭景

区。2019 年山门头村组织委员会换届后所做出的第一件大事，便是深入推进环境健康整治、社会主义美好新农村建设等工作。通过众筹成立旅游开发公司，全力发展乡村旅游，走因地制宜、保护环境的村庄绿色发展道路，为山门头岗谷岭景区的建设和发展描绘了一幅蓝图。自然环境的优势让政府干部们有了更大的力量，也让广大村民有了投身建设事业的勇气。

（二）村集体村民共建，走共同富裕发展道路

发展乡村旅游，资金投入是基础，也是乡村振兴的关键。村集体因地制宜，为了缓解村内资金短缺困境，围绕“小钱撬动大钱”发展思路，由村民入股、乡贤借款加村集体共同投入资金，参与建设。乡贤能人带头出资 300 万元投入前期建设，本村村民以现金入股的方式为村集体募集注册资金，每股股金 5 000 元，低保户半价入股，每名村民最多可认购 1 股，收益按股份分红。这一方式不仅有效地缓解村内资金短缺困境，还激发了村民的“主人翁”意识，团结了全村的力量，促进了村民与村集体共同参与村庄建设，携手走上共富之路。

（三）乡村旅游开门红，分步实施见成效

有了乡村旅游振兴乡村经济的发展思路，如何依托特色产业和山林优势，大力建设吃住玩游学养为一体的生态乡村旅游综合体，不能一蹴而就，必须分步实施，以确保乡村旅游的稳步发展。2021 年 5 月 1 日，岗谷岭景区一期游步道、高空自行车、五彩瀑布、彩虹滑草场等 16 个游乐项目试营业。景区一开放，便成为永康市的一个网红打卡胜地。两年前的山门头村还是一个基本没有集体经济收入、负债百万的小村庄，村内也没有有效的支柱产业，大部分村民以务农或者外出打工的方式维持生计，但山门头岗谷岭景区的出现改变了当时的状况。由村干部带领，村民与村集体联合入股投资打造而成的山门头岗谷岭景区，自 2020 年 8 月启动兴建后，在 2021 年的“五一”小长假开门试营业，短短五天已接待游客约 3.7 万人，收益达 145 万元。到 2021 年 9 月底，岗谷岭景区公司已经给村里创造 500 万元利润。村民不仅可以获得年终分红，还可以在景区里做点小买卖，增加收益。目前，山门头村岗谷岭景区已运营近一年，年收入达

到了 1 000 多万元，村集体增加经济收入 200 多万元，真正做到了乡村振兴，村民共富。在开门红的基础上，村集体已开始着手岗谷岭景区第二期的建设，“最美谷溪印象山门”、乡村路白改黑、道路绿化景观升级、老人健康活动中心等各项设施正在兴建。第三期的温泉度假区等建设项目正在规划招商引资中。依托景点建设，该村还将发展农家乐、住宿及相应的服务业态，将山门头村建设成集“吃住玩游学养”为一身的自然农村观光复合体，形成永康人的“都市后花园”。村集体将整合学校资源，建设国防教育基地和劳动实践教育基地，将国防教育文化和劳动实践教育文化真正深入到农旅结合建设之中，实现“文旅融合推动乡村振兴”的发展目标。依靠文旅结合的发展方式，山门头村真正完成了从负债村到如今营收千万的模范村的蜕变。

（四）党建引领作表率，多头致富无怨言

火车跑得快，全靠车头带。为了引领村民走上共富之路，山门头村村干部将“领头羊”效应牢记于心中，付诸实践。20 多名村干部不仅多年主动放弃领取务工费，还积极投入到村庄的建设之中。在行政村规模调整时，上山门自然村欠债 150 多万元，山门头村两委深知脱贫致富任务之重。山门头村在村干部的引领下依托江南街道永祥文旅小镇党建联盟的组织保障，充分整合联盟单位、乡贤能人、党员干部等资源力量开展旅游开发、美丽乡村建设，形成党建引领、联动发展的强大合力。这一系列举措不仅有效缓解了村内就业困境，还为村集体实现了增收。

二、乡村振兴实践的思考

山门头村村集体的主要经济收入来源是山门头岗谷岭景点的门票收入，相关的吃、住、行、游、购等旅游要素收入较少，旅游产业链过短，结构较为单一。单一的收入结构稳定性较差，易受到诸如疫情、天气、景区调整等因素的冲击，从而导致一定时期收入不稳定，出现收入空白期等问题。同时，旅游产业链过短会导致游客的整体停留时间较短，综合旅游效益低下，影响村集体的正常收入。因此，拓宽产业形式，提高旅游产业链稳定程度及长度，具有重要的意义。

（一）积极发展夜游经济

发展夜游经济有利于扩大旅游收入，扩大旅游收入来源的多样性。夜间观光项目能够满足本地旅游者和外地旅游者之间的夜间观光空白。目前，山门头村借助景点内的娱乐设备和自然景观，通过利用夜景灯光提升岗谷岭景点，进一步丰富了观光项目的业态格局，有效促进了观光旅游，并带动旅游者从“白天游”向“夜间游”、从“半日游”向“一天游”的过渡。可以根据景观、环境和文化特点，将夜景照明与之融合，形成具有地方文化特色的夜游景色。同时，跟进吃、住、行、游、购及相关产业，延长旅游产业链，使游客能享受到最完整的服务，将当地旅游产业综合效益最大化。

（二）扩大乡村旅游的影响力

旅游产业的核心竞争力为客流量，客流量的大小决定着当地旅游产业的繁荣与否，因此，提升客流量大小，有助于当地旅游业的发展。旅游者的外出观光往往有多种方式，游山玩水、观光感悟、体验学习、就餐居住等，旅游产业集群发展后，区域的旅游形式逐渐扩大，抱有不同目的的旅游者增加，与此同时，由于产业集群中不同行业之间相距较近、互动性较高的优势，旅游者可以在一次旅途中自由选择一个或者多个观光点，从而增加了景区的整体效益，较大的产业集群往往同时具备吸引回头客的性质。打造旅游产业集群，可以推动地区的产业发展、设施管理、生态建设和环境污染防治，为地区带来较大的客流量，助力共富。

（三）因地制宜发展四季经济

山门头村可以根据当地气候因地制宜发展四季经济，提升乡村旅游的产业链。首先，打造四季皆宜的观赏和游乐设施，使景区一年四季都有较为稳定的收入来源。其次，根据不同季节的气候特点，打造对应的景点。例如，夏季炎热，游客出行更多选择避暑、乘凉的地点，因此，在夏季景区可以开放例如水上乐园、冰雪世界等设施，在冬季则可以打造室内旅游项目，如滑雪场等。四季经济能做到在不同季节使景区有不同的主打方向，一年内不同时间都能为游客提供更多的游乐选择。

（四）扩大低收入群体的就业门路

景区建设后将会创造大量的就业岗位，可以根据工作量大小先将其分配给当地低收入的群体，提供就近上班的工作机会，增加低收入群体的收入。通过发展夜游经济、打造四季经济，延长旅游产业链，可为村民和村集体的共富路提供保障。

平湖市：推进强村富民共富体构建

村集体作为共同富裕建设的最小治理单元，是农村基层组织运转的经济基础；基层组织是党的路线、方针、政策在农村的贯彻者和执行者，是乡村振兴和共同富裕的直接推动者。近年来，平湖市锚定乡村振兴和共同富裕基本方位，坚持把村富作为助推乡村振兴、促进共同富裕的突破口。2006年，平湖市委市政府开始实施第一轮强村计划，连续16年先后出台六轮操作性强、精准扶持效果好的共2.3亿元的财政支持强村富民政策，通过跨村域、跨镇域、跨县市乃至跨省域的“飞地”抱团计划，整合了资源，实现了农村“三变”的改革探索，缓解了经济发展不平衡的问题，打破了区域发展的空间限制，同时也调动了各方力量，凝心聚力推动村级集体经济快速转型发展，取得了良好成效。特别是2022年又出台了“1+8+N”共富体系实施方案（2022—2025），为推进村富＋民富共同富裕做了创新探索。

一、强村富民共富体构建的主要做法

共同富裕离不开村集体经济的发展，强村富民是共同富裕的基础和保障。平湖市从改善农村居住环境着手，把重点放在村集体经济发展，以此来推动共同富裕的实现。

（一）改善农村人居环境，夯实农村发展基础

平湖市辖区内共8个镇（街道），现有行政村72个，全市农村户籍居民21.42万人。近年来，平湖市不断提升农村人居环境，自2010年开展财政奖补一事一议村级公益事业以来，全市共实施项目324个，投资3.74亿元，其中，各类财政奖补资金2.54亿元，项目覆盖94%以上的村，受益群众57.51万人次。继“千村示范、万村整治”工程以后，于

2016—2018 年按照示范村、重点村、整治村三个类别开展美丽乡村三年行动计划，共投资 8.9 亿元，实施项目共 643 个，覆盖所有镇街，村容村貌得到本质性的提升与飞跃，同时建设完成 5 条美丽乡村风景线，带动了美丽经济的发展；开展小城镇综合整治建设项目 518 个，总投资 18 亿元，所有镇街沿街面貌得到大幅改善提升；共投资 3.5 亿元，实施项目 274 个，开展农村生活垃圾减量和农村生活污水治理，垃圾分类准确率 85%以上，农村生活污水全部纳管进网；共投资 16.4 亿元，开展农村“四好”公路建设，建设农村道路 1 102.13 千米，全面推进了全市农村道路“建、管、养、运”协同发展；共投资近 5 亿元，开展五水共治建设，全部剿灭劣五类水，水生态环境得到明显提升改善，乡村的水质不断提高，生态颜值不断上升。

（二）做强村级集体经济，确保共富体实现

自 2012 年平湖市成立首个强村公司以来，通过“强村＋弱村”的模式，将镇域内的所有村集体形成共富体，投资各方按出资比例共同发起成立股份制有限公司，共同建设，统一运营。现有强村公司 9 家，覆盖所有镇街，注册资本 1.93 亿元，主要经营劳务服务、涉农项目建设、环境管护等业务，通过物业租赁、产业经营、劳务服务等方式，公司平均每年实现营收增长 10%以上。在此基础上，自 2017 年，又成立了第一家以单个村经济合作社为主的村级公司，截至目前，已有 31 家，分别为园林绿化、旅游发展、物业管理、农业生产和劳务服务等 5 个类别，所有公司均经营正常。

市财政连续出台了一系列以土地指标费补偿、贴息等为主的强村政策，引导以强村公司为主要形式的乡村共富体蓬勃发展，发挥实质性效益。至 2021 年年底，平湖市农村集体经济总收入 5.6 亿元，村集体经营性收入 2.37 亿元，72 个行政村经常性收入、经营性收入率先在嘉兴五县二区达到 180 万元、100 万元以上，村均收入分别达到 359 万元、244 万元，城乡居民人均可支配收入分别为 71 814 元和 43 914 元，收入倍差为 1.64∶1，是全省收入倍差最小的县市之一。

由此可见，财政政策支持和项目的精准投放，既补齐了农村基础设施和公共服务体系的短板，有效提升了农村人居环境，也为吸引外来人口以

及在外务工农民重返乡村创业、缓解当前农村“空心化”“老龄化”提供了干事创业的环境基础和交通便利。强村公司的普遍成立，成为了村集体抱团共富发展的有机载体，再加上平湖拥有的“背靠上海、面朝大海”两海优势和长三角一体化的区位优势，为建好村民共富体、实现村民共富提供了强有力的发展基础。

二、推进强村富民促发展的探索

以强村公司作为乡村共富体建设载体，很好发挥了聚合作用，既可以以公司化的运作明晰产权，又可以集合统筹参建村的资源和资产优势，通过“强村”带动“弱村”实现共同富裕。但如何通过财政政策的引导和撬动作用，使共富体形式更为丰富、金融杠杆撬动性更强，百姓参与度更高、获得感更好，是新一轮财政政策需要着力破解的问题。平湖市委市政府聚焦补短板、延长链两个维度，于2022年新出台了以农村集体经济为核心，以数字化改革为牵引，以市场化改革为导向，以农村“三权”、“三位一体”、三治融合、农村“三块地”改革为抓手，重点建设“1＋8＋N”共富体系的实施方案，推动农村“扩中”“提低”，实现农民农村共同富裕，与此同时，市财政也相应调整出台了2022—2025年相配套的强村富民政策，着力推进该项共富体系建设工作，进一步巩固和完善农村基本经营制度，推进城乡区域协调发展先行示范。

（一）顶层设计多元共富体系，提升村集体自我增血能力

一方面，全市一盘棋为村集体出好发展的“点子”。从市级层面谋划了“1＋8”共富体系，即以培育壮大“1”个市级强村公司为龙头；全面打造“飞地抱团”共富体、众筹经营共富体、农房盘活共富体、土地股份共富体、乡村劳务共富体、产业联结共富体、景区村庄共富体、文明善治共富体等“8”个领域镇域共富体作为支撑的共富体系。市级强村公司由村集体经济组织和供销集体企业共同出资成立，不仅可获得市级优势资源，也可集中财力向实体企业、土地开发、物业服务等多领域进行投资，通过规范化、市场化的管理，共同获益。各镇街可立足自身经济基础、区位优势、资源条件，因地制宜，从8个共富体类别中挑选一个或者多

个适宜本镇发展的项目，利用优势，一镇一策，找准增强活血的发展路子。另一方面，数字赋能为共富体系发展搭好互惠共享的“平台”。以平湖市现有的数字乡村大脑为基础，利用优质的数据资源，构建“飞地抱团”“众筹经营”“新乡邻”“产业联结”“乡村劳务”等五大共富场景和一个交易中心的“N”个数字化场景应用，统一管理，盘清村集体“三资”底数；并将各村优势资源共享，为村集体提供客户渠道，实现增收。

（二）精准调整强村富民政策，提振共富资金使用绩效

平湖市财政充分汲取前几轮政策凸显的问题，结合镇村实际需求，在政策的引导和支持方向上分门别类地进行了相应调整，达到村集体增收减支的目的，提高政策资金的使用绩效。一是针对镇村土地归属权责不明的问题。不再加大对于飞地项目土地指标奖补的输血力度，而是从财权、事权的角度出发，通过行政考核与绩效评价“双管齐下”，引导镇街将村集体复垦产生的指标优先发展村集体经济项目，镇街如统筹使用村指标，需按照市场收储价对村集体予以相应补偿，增加村集体的经常性收入。二是针对产业联动聚合效应较差的问题。加大了对村集体实施粮食产业、农业“双强”、农产品冷链物流等项目的支持力度，最高市镇两级补助比例可达75%，在解决农业发展短板、延长产业发展链条，增加村集体资产一举多得的同时，激发村干部利用自身优势，在熟悉的领域内充分发挥主观能动性，拓宽经营渠道和方式，多渠道增加经营性收入来源。三是鼓励村集体探索确保共富项目落地的有效途径。农房盘活共富体、众筹经营共富体、乡村劳务共富体均为本次共富体的创新路径，需要根据引导方向的不同予以精准激励。例如，众筹经营共富体强调的是“众”，鼓励的是村集体将优势资源让利于民，让村民共享富裕成果，增加村民的财产性收入；乡村劳务共富体强调的是“劳”，鼓励的是村民参与农村环境管护等较为简易劳作的积极性，变“政府干群众看”为村民自主自愿参与，通过增加村民的工资性收入，勤劳致富。该类项目以一次性奖补为主，既可以缓解基层启动项目前期需要的成本开支压力，又起到对创新做法充分鼓励的作用。而农房盘活共富体，考验的是干事者运营创新的能力，注重的是经营的可持续性，因此政策按照精品区和示范区不同的标准予以奖补，资金兑现也

分为项目验收和运营一年后两个阶段进行补助，彰显了“优质优酬”的绩效导向。四是针对减轻村集体非生产性支出压力方面。调研中我们发现，村域范围内日常管护等非生产性的支出占比较高，个别村集体甚至达到全年支出70%以上，因此在本轮政策中，通过多方协调，与税务、水务、供电、电信等部门达成共识，明确了“飞地”抱团共富体项目，享受分类分档城镇土地使用税和房产税的减免政策；对村集体使用的水、电、网络等均予以优惠。五是针对村集体融资难融资贵的问题。创新出台了财政贴息、利率优惠、担保手续费补助、银行业务奖励等的复合型叠加政策，同时与省农担公司共同开展基层政策性信贷担保服务创新工作，通过“政银担”“担担”合作的方式，缓解项目前期垫资压力，为村集体发展保驾护航。

（三）充分利用保险杠杆，协同保障共富体系发展

乡村劳务共富体、产业联结共富体、景区村庄共富体的建设引导了村民自主自愿共同参与村级生产及日常事务，但我们也了解到，从事该项工作的人员，普遍存在着年龄偏高，个人购买保险意识差的问题，商业保险已无法覆盖保障。因此，市财政与保险机构共同创新设立了针对务农人员保险的地方特色险种，保障年龄提升至77岁，最高赔偿金额可达到35万元，保费按市、镇、公司三级共同分担，为共富体发展和乡村务农务工人员解决后顾之忧。

（四）有效发挥数据资源价值，增强村民获得感

平湖市早在2019年就开始了农业农村领域的数字化改革，建立了“数字乡村大脑”，开发了“善治宝”应用场景，将村级“三务公开”、全国首创的“股份分红＋善治积分”的模式应用于线上。通过积分的形式，将农户每年可享受的分红与日常的垃圾分类、志愿活动、文明治理等行为相关联。利用善治积分形成的有效数据，划分信用等级，与银行创新“积分贷”等金融产品的同时，引导商超等市场主体推出积分促销活动，构建“政府有奖励、集体有激励、社会有福利”的善治积分综合运用体系。前期注重模式与场景应用的引导，对于推广该模式的村集体予以相应的补助并取得了良好的成效，目前所有村全部施行“股份分红＋善治积分”，善

治宝应用村民覆盖率已达到95%以上。新阶段侧重于政策对于农户自我素质提升的促进和引导作用，精准奖励积分靠前与进位快的前十位的农户，从而进一步提高村民共监共管村级事务的自治能力，形成村民共建共享文明乡风，实现村民的物质精神双富裕。

第五篇

乡村人才与乡村振兴

临安区：乡村运营官模式助力乡村振兴

乡村振兴是乡村工作的重中之重。实现乡村振兴是缩小城乡差距，促进农业农村现代化，助推农业全面升级、农村全面进步、农民全面发展，加快补齐农业农村发展短板的重要举措。要实现乡村振兴，必须发挥乡村主体优势，激发农民发展积极性，主动参与乡村建设。2017 年以来，杭州市临安区依托天目山等自然风景区，引入乡村运营官，以乡村振兴、共同富裕为目标，用市场逻辑运营乡村，激励农民参与乡村运营，既盘活乡村闲置资源，又保障农民增收，探索出高效、持续的发展道路。

一、引入乡村运营官模式的主要做法

乡村振兴，要靠人才。乡村运营官是一个新的概念和职业，其主要工作内容为：针对乡村大环境，用策划手段和市场化的方式将乡村资源变成产品。临安区提出“村落景区”概念，引入乡村运营官，乡村运营官与村集体自愿签约，组建合资公司。村委以相关基础设施如游客中心、停车场、文化礼堂等设施的使用权入股，约占 10%～20%；运营商以货币资金入股，注册资金不少于 50 万元，日常运营费用由运营商承担。村委管理村庄事务，乡村运营官负责打造规划具有一定盈利的乡村业态，政府负责考核乡村运营官和乡村基础设施建设。这种将乡村与市场相结合的方式，既高效利用乡村资源，又较好地解决如何进行乡村运营、谁来进行乡村运营、怎样做好乡村运营三个问题。

（一）因地制宜，开发市场运营新模式

临安区依托丰富的风景资源，创新提出“全域景区”的发展理念，针对各个村落不同的资源，因地制宜，与爱乡村、会策划、懂营销的专业运营师团队进行合作，整合村落的文旅资源、农产品资源制定专项运营方

案，打造旅游项目和主题活动，形成具有一定盈利能力的乡村业态。这一模式具有实用性、可塑性、个性化、持续发展等特点，把乡村作为一个市场化主体计划、组织、实施和经营，将乡村资源优势转化为经济优势，以乡村运营带动农民增收。同时在此模式下，乡村在建设过程中减少对政府的过度依赖，打破“千村一面”的局面，将输血式建设变为造血式发展，是一条具有强大内生活力的发展路径。

（二）产业发展，促进乡村共同富裕

空有项目，没有切实可行的落地方案，村落难以有大的发展。为解决原来乡村运营过程中资源分散、单点改造见效慢、招商投资吸引力不足、游客流量小的难题，临安乡村运营以乡村运营师团队为主体，依托与村集体共同组建的合资公司整合盘活乡村资源，资源利益共享。以临安龙门秘境为例，乡村运营师租赁了村里的供销社、木粉厂、古梯田、攀岩项目等，打造了高山蔬菜基地、菊花蔬果基地、中草药基地、梯田果木花海乐园，开办了垄上行等 5 家高端民宿，改造升级了 5 家农家乐，还落地了酿酒坊、豆腐坊、年糕坊、茶馆、民俗体验馆等休闲文旅业态，吸引投资前后超 3 000 万元。在运营师＋村集体＋农户＋投资商的模式下，改善农民原来单一农业种植的收入路径，从产品供给和市场需求两端发力，增加农民收入，促进村民共同投入乡村运营中，吸引各类投资商将视线聚焦乡村。

（三）政策为先，引领乡村开发新思路

完善的制度建设是新制度实施的坚实基础。首先通过美丽乡村建设，开展“千村示范，万村整治”工程，整治乡村环境，兴建公共卫生设施，改造房屋外立面，建设游客中心，为乡村运营官的项目运营提供较为完善的物质基础，减少乡村运营官项目的建设成本，形成乡村运营官进驻的先决条件。其次，针对乡村运营官建立完善的考核制度，在主体设计上运营官必须要有自身的盈利模式，保障运营效果，且通过注册合资公司与村集体形成合作互利关系，保障运营师全身心投入。在运营官制度下还设置相应的奖励制度，对乡村运营官一年运营效果，实施考核奖励机制，根据考核结果领取奖励。在此制度下，运营师、村集体紧密联系，

形成良性闭环。

（四）人才引进，注入乡村振兴新活力

专业的事情交给专业的人才运行。临安乡村运营官以运营能力和运营方案为招聘标准，吸引专业优秀人才投身于乡村运营事业中。自 2017 年以来临安共有来自各行各业的 11 个运营师团队加入，为乡村运营注入新想法、新活力。

二、乡村运营官模式的主要成效

临安区大力推广乡村运营官运营乡村的模式，即将乡村作为市场化主体进行运营，充分发挥市场在经济中的重要作用，将大量市场渠道引入乡村，逐渐拉近乡村与市场的距离。乡村运营官为乡村带来经济收益的同时还带来一定的社会效益，在运营过程中乡村闲置资源盘活，大量人才回乡创业为“空心”乡村注入活力。

（一）人才回流，运营官团队进驻数量增加

在城市化的快速发展下，农村大量人口尤其是青壮年劳动力大量流向城市，留守乡村的多是老年人及儿童，此现象所导致的乡村空心化是乡村无人发展、无力发展的重要原因。自 2017 年以来，临安针对各个村落的不同情况面向社会招聘乡村运营官团队，目前已有 20 个村落与运营商签约“结对”。通过乡村运营，临安 16 个村落景区共同完成落户项目 70 个。在良好的乡村运营条件下，为乡村创业就业打造了一片沃土，加速乡村人才回流。截至目前，乡村运营官模式吸引返乡创业青年 139 余人，各类手工匠人参与业态经营 183 人，增加村民就业岗位 200 余个，有效解决乡村无人、无力发展的问题，为乡村注入发展活力，不仅具有经济效益，还具有较好的社会效益。

（二）经济发展，农村经济收入增加

要让村民看到切实到手的利益和肉眼可见的乡村变化，村民们才能发挥自身主观能动性，积极投入乡村运营事业之中。在引入乡村运营官模式

之后，乡村运营师和村集体签约，共同组建合资公司，村集体、村民收入拥有兜底保障，切实提升村民投入村集体经济热情。除合资公司带来的利益分红以外，便利的交通、良好的产业业态之下，村民收入途径拓宽。截至目前，临安 16 个村落景区实现旅游收入 1.05 亿元，村集体增收 4 086 万元，村民人均收入增加 1.2 万元。持续增长的经济收入，既为临安村落景区建设提供一定的经济基础，也为村民参与村落景区发展、乡村运营注入一剂强心针。

（三）产业融合，乡村品牌建设力度增加

良好的乡村产业业态是乡村经济持续发展的重要基础，乡村品牌建设更是提升乡村知名度的有力抓手。运营师进驻村落景区，首要工作就是针对村落特色确定乡村的运营主题定位，为乡村引入市场化的运营方式，植入业态培育产业。临安拥有丰富的自然风景资源以及农产品资源，其村落景区的运营方式大多选择乡村旅游＋农产销售的模式，通过举办农俗节、周末休闲露营展示高山稻米、临安山核桃、菊花茶等农产品品牌，加速一二三产业融合，延长乡村生产链条，促进乡村消费升级。

（四）绿色协调，持续发展势头加快

具有可持续发展潜力是乡村吸引投资、良性运营的基础条件。临安乡村运营官立足村落实际情况，对村落自然资源以保护性开发为主，不单以眼前的经济利益为发展目标，更是以绿色持续的未来发展为前提。可持续的资源开发不仅在错落开发前期减少不必要的开支，还为未来的发展提供方向。在临安龙门秘境景区，乡村运营官保护村落原有竹林、梯田、树林，坚持保有原有的生态环境，以绿色发展为底色，在底色之上充分发挥当地资源特色，打造出一条绿色协调的经济发展道路。

三、进一步完善乡村运营官模式的思考

乡村振兴人才是关键，乡村运营官作为乡村振兴的探索，解决了乡村发展中遇到的人才瓶颈问题，为乡村的发展打开了思路。各地要结合实际为乡村运营官创造条件，让乡村运营官更好发展，同时，乡村运营官要立

足乡村的资源优势，为乡村的发展创造条件。

（一）完善人才发展的底层逻辑

在临安乡村运营官的模式下，大量人才回乡参与到乡村运营官的工作之中。但是怎样持续吸引人才，怎样留住人才是发展中的大问题。虽然丰厚的人才引进补贴是吸引人才进驻的一个重要条件，临安在这方面已经做得较为成熟，从生活补贴、住房补贴等方面提供较为丰厚的条件。但是补贴等福利政策并不是留住人才的长久之计，要留住人才不仅要看当下直接到手的福利，还要看当地是否有符合未来发展的生存保障。在乡村运营过程中，不仅要有良好的基数吸引更多的乡村运营官参与村落运营，让运营官们有信心留在乡村持续发展，并且要营造良好的产业业态，提供更多的就业岗位，为返乡人才提供可发展的根基，让人才扎根乡村。

（二）发展乡村运营官模式要具有一定的经济基础

在乡村运营官模式中，良好的经济基础是其模式推广的先决条件。一是政府的前期投入，如改善村落间的交通情况、卫生情况。乡村村容改造等方面，政府的前期投入是吸引运营官进驻的前提条件，需要政府大力的支持。二是投资商的投资，在靠近经济发达地区，人们对于休闲、周末放松娱乐的需求更大。临安地处杭州市，受长三角的辐射影响具有大量的有固定需求的用户，投资商更有信心投资运营官所运营的项目。总的来讲，乡村运营官模式在较有经济实力地区具有良好的示范和带动作用。

（三）运营过程中抓住村落特性，找准村落定位

在临安发展的村落景区之中，各个村落都有其独特的各类资源，虽然运营模式是可复制推广的，但运营方案是要乡村运营官根据乡村自身元素、环境艺术设计方案，不能照搬照抄，要发现村落之间的差异和个性，拒绝标准化的运营方案，要营造“千村千面”而非“千村一面”。同时，在挖掘乡村特色时，运营官要融入乡村，营造出与乡村相符的运营方案。

诸暨市：培养高素质农民的实践

推动乡村全面振兴，关键靠人。人才支撑是乡村振兴的关键，培养高素质农民是关键中的关键。“高素质农民”不同于普通农民，他们是有文化、懂技术、善经营、会管理的农民，是“新型职业农民”的进一步深化，在农村中具有一定的引领作用。近年来，诸暨市为解决“谁来种地、如何种好地”的问题，大力开展了农村高素质农民队伍培育，出台了多个政策措施和方式途径，不断优化高素质农民培训方式，为全面推进乡村振兴、加快农业农村现代化提供人才支撑。

一、培养高素质农民的主要做法

实施乡村振兴，主阵地在农村，主体是农民，为的是农民，靠的也是农民。从实施“新型职业农民培育”到“高素质农民培育计划”的 10 余年里，诸暨市深入开展农民教育培训工作，以农技人员、青年农创客、职业农民三类群体为抓手，培育生产经营型、专业技能型和专业服务型等 3 种类型的高素质农民。截至 2020 年 1 月，诸暨市累计开展新民讲堂 59 期、培训 20 650 人次、实用人才培训 56 期，培训 2 806 人；仅 2021 年就培训高素质农民 340 名；2022 年印发《2022 年诸暨市高素质农民培训工作实施方案》，计划开展市级高素质农民培训 320 人，省级高素质农民研修班培训，计划培训 60 人。

（一）加强农技人员培养，为农业科技进步提供支撑

为增强乡村技术人员的认同感与荣誉感，诸暨市开展多种形式的乡村专业技术人才认定制度。

1. 开展乡村技术人员职称评定

凡在农业生产一线从事种植、养殖、农副产品加工、农业经营管理、

农机、水利等技术工作的农民，根据所掌握的技能水平，按农民技术员、农民助理技师、农民技师、农民高级技师四个档次进行评定。评定每年开展一次，仅 2021 年获得认定农民技术员就有 1 108 人。2019 年以来为乡村人才开展专业技术职称评审，到目前已有 4 名被评为高级农业技术职称，1 名正高级农业技术职称。

2. 开展星级民间人才评选

按农业、林业、养殖业（畜牧、水产）等分类进行星级民间人才评选。在诸暨评选的基础上推荐参加绍兴市五星级民间人才评选。如赵家镇宣家山村的宣军达、绛霞村的杨培年、东白湖镇九曲岭的蔡柯伟都是绍兴市五星级人才。同时根据各镇乡（街道）农业产业特色，开展星级农村实用人才和星级示范户评选，如姚江镇的星级葡萄、草莓种植示范户等。

3. 开展乡土人才和工匠评选

诸暨市已先后两次开展“诸暨工匠”评选，近百人被评为“诸暨工匠”，绿剑茶业的马亚平和国伟禽业的李柳萌作为乡土专家进入省农业技术产业团队。

4. 开展乡村领雁人才的评选

评选已连续实施两届，诸暨市有 37 名认定为绍兴市级领雁人才。同时开展绍兴“名士之乡”特支计划乡村振兴拔尖人才评选，蓝美公司的杨曙方、国伟禽业陈斌丹入选。

（二）积极引入青年农创客，为青年创业者提供创业平台

为切实做好农业新型主体培育，发展壮大农业生产经营队伍，诸暨市积极开展以大学生为主体的青年农创客的人才培育工作，既解决了大学生就业问题，也为农村建设注入新鲜血液。

1. 评选制度选拔人才

2017 年原农业局与市人社局、市农合联一起开展诸暨市“双十佳”大学生农创客评选活动，分别评选出十佳农创客 10 名，十优农创客 10 名。2018 年开展优秀大学生农创客评选 10 名，选拔出大量优秀大学生创业典范。

2. 宣传活动吸引人才

诸暨市组织开展大学生创业典型宣传，如国伟禽业的李柳萌、山里山

湾合作社的金志鹏、丁香谷葡萄专业合作社的孟珂等创业经历与收获都在诸暨日报、诸暨电视台进行宣传。在当地宣传的基础上，诸暨深入大学进行宣传，先后在杭州电子科技大学、南京工业大学、浙江工业大学、西安交通大学、西安电子科技大学、西安工程大学等6家知名高校建立引才工作站，组织校企“空中双选会”26场，大力开展宣传活动，吸引大学生走进农村，走进诸暨。

3. 帮扶工作助力人才

诸暨市连续对从事现代农业的大学毕业生给予资金补助和政策扶持，如为高校毕业生提供最高40万元购房补贴和为期三年每月3 000元的安家补贴。同时致力于大学生创业过程中的指导工作，根据产业不同，安排不同的农技专家对从事现代农业的大学生进行服务，针对他们的创业现状，结合当前的发展趋势，为他们出谋划策，指明发展方向和重点。此外，结合他们的创业内容，为他们解读上级及本市的惠农政策，帮助他们制订项目实施方案，以项目建设的形式积极为他们争取扶持资金，引导和扶持大学毕业生从事现代农业。

（三）重视职业农民培训，提高农民职业技能

诸暨市根据农民所求、农业所需、农时所用适时开展各种专业的培训。随着直播带货的兴起，2020年诸暨开设了短视频制作与直播带货培训班，通过培训，把手机变农具，2020年共培训2.25万人次。近年来已组织开展粮油种植、水果种植、香榧种植、生猪养殖、农家乐、农机维修工、农机操作手、茶叶种植与加工、水产养殖等各类培训班。

二、加强高素质农民培养的建议

诸暨市深入实施“千万农民素质提升工程”，不断壮大高素质农民队伍，在高素质农民培育工作中取得新成效，对各地高素质农民培育工作高质量发展具有重要的借鉴意义。高素质农民是推进乡村振兴、实现农业农村现代化的骨干力量，要推动农业农村可持续发展，实现乡村振兴，就要坚持做好高素质农民的“引育留”工作。

（一）注重青年人才引进

要重视青年人才的引进，破解城镇化带来的农村人才流失问题。目前高效毕业的大学生数量持续增加，疫情背景下工作难寻，许多大学生面临就业问题，诸暨政府以大学生作为突破口，作多方面的引导，鼓励大学生尤其是农业专业包括电子商务等农村紧缺专业的大学生到农村工作，一方面解决了大学生就业难的问题，另一方面能够为乡村振兴提供了人才保障。此外，要继续坚持诸暨“以赛引才”的特色，大力开展诸暨市海内外高层次人才创新创业大赛，“诸才云集，暨往开来”，广纳海内外高层次人才，为诸暨的经济发展持续注入强大动能，助力乡村振兴。

（二）落实高素质农民培训的实效

1. 高素质农民培训要与农民实际相结合

目前高素质农民分为生产经营型、专业技能型和专业服务型三类，诸暨市高素质农民培训也主要围绕这三方面展开。然而由于农民之间的文化水平、综合素质具有差异性，按照这三大类划分对农民进行培训无法达到预期的效果。因此，在开展培训之前，要充分认识培训对象的实际特点，把握他们的实际需求，进一步按照主体划分，随后实施分层次、精准性培育。

2. 高素质农民培训要与产业发展相结合

高素质农民培训不能仅仅依靠理论框架，而要深入调查后对农民进行针对性培训。例如，依据诸暨特色对农民进行有关酒产业的技能培训。同时也要紧随时代的潮流，根据新兴产业的发展，及时做出改变，制定相应的培训内容，开展分层化的培训活动。在组织开展农业技能培训活动时，要把培训与农民生产相结合，达到生产和培训学习两不误，获得双赢局面。大型农业龙头企业、农业示范园也应该在高素质农民培训中发挥示范引领作用，构建起长期、健全的高素质农民培育体系。

（三）做好高素质农民聚留

引进人才的目的是发挥人才作用，更重要的是让人才在本地“落地生根”。农村要实现可持续发展，就要做好高素质农民的聚留工作。一是要完善农村的基础设施建设，推进城乡公共服务均等化，保障农民的基本生存权益。二是要实行激励政策，针对农村不同层次，不同类别人才采取分层分类的激励保障模式。对于农技人员，进一步扩大高素质农民职称评定范围，提高农技人员科研的积极性；对于青年农创客，给予一定的金融支持和项目支持，不断完善信息咨询服务以及创业技能的培训；对于职业农民，要建立与工作业绩相联系的收入分配机制，提升职业农民的薪资待遇。实行激励政策能够切实增强农村人才的幸福感，吸引更多的农民参与高素质农民队伍建设。

第六篇

农业龙头企业与乡村振兴

米果果：农旅结合、三产联动的生动实践

浙江米果果生态农业集团（简称“米果果”）地处西施故里、珍珠之乡——浙江省诸暨市山下湖镇，创建于2013年6月，是一家集果蔬种植、特种水产养殖、农产品深加工、休闲度假、农技培训、研学旅游、文化创意为一体的农业综合开发企业。米果果生态农业集团为农业农村部首批农村产业融合试点企业、浙江省骨干农业龙头企业、浙江省休闲农业示范企业、浙江省农业科技企业。集团立足生态农业，以“创造价值，服务社会”为企业宗旨，以“科技创新、示范推广”为导向，以“工匠精神”来做事业。遵循“种植加工＋休闲旅游＋差异化”的发展思路，打造了占地面积3 550余亩的米果果小镇。2019年米果果小镇共接待游客80万人次、中小学生研学20万人次，为近500余名农村剩余劳动力提供了工作岗位，带动周边村民增收约2 500万元。

米果果小镇先后荣获国家4A级旅游景区、农业农村部创意农业重点实验室示范基地、全国休闲农业与乡村旅游五星级园区、科技部农业星创天地实施基地、国家级科普教育基地、浙江省乡村振兴实训基地、浙江省现代农业科技示范基地、浙江省级田园综合体、浙江省生态文化基地、浙江省生态文明教育基地、浙江省创意农业工程技术研究中心示范基地、浙江省农科院创意农业创新技术中心、浙江省农业科技研发中心、浙江省农业实训基地、浙江省现代生态循环农业示范区、美丽浙江特色体验地、浙台农业示范基地、浙江省最美果园等荣誉称号。

一、农旅结合、三产联动的主要做法

（一）创新流转模式，力促土地规模发展

面对如何从农民手中集聚土地，达到双赢的问题，米果果集团提出了

一个大胆的想法：由村经济合作社出面统一流转村集体土地和村民闲置土地，米果果小镇再向村集体租用。为保障村集体和村民的利益，米果果小镇首创了“保底收益＋赠送 10％股份＋利润分红”的新型土地流转模式，农民变股东、工商资本进入农业生产、单一的农业生产向着三产融合的现代农业发展。这样的土地流转模式，让企业、村集体、村民三方形成共赢局面。企业在每年保证农民每亩 600 斤稻谷的基础上，村经济合作社拥有10％的股份。经营投入阶段，村经济合作社无需担负资金压力，待企业平稳发展后即可参与分红共享。这样一来，原先村内荒废的土地都被利用起来，发展现代农业，为实现土地价值最大化打下了基础，为企业长期发展提供了底气，为村民致富提供了新的路径。

该土地流转模式被列为新型土地“三权分置”改革样板，也得到中央电视台《财经评论》栏目报道，另外人民日报、农民日报、中国青年报、浙江日报、新华社、人民网等多家主流媒体对破解土地经营权二轮延包到期，农业经营主体与农民实行利益共享的做法给予高度的认可，并进行了全面的报道。

（二）一二三产融合，挖掘土地潜在价值

米果果集团始终把眼光定位到建设现代化大农业体系，不仅把传统农业提质到规模化、现代化、深加工上，更将农业与旅游、文化创业、培训教育相结合。目前米果果已成为一家集果蔬种植、产品深加工、休闲度假、教育培训、文化创意为一体的农业综合开发集团企业。

一是打造现代科技农业。米果果小镇积极与中国热带农科院、浙江省农科院等科研院所进行对接，利用有机生产等新技术种植四季果蔬和二十余种千姿百态的观赏性瓜果，将现代农业与传统农业相结合，践行现代自然农法。将主打产品火龙果进一步深加工，产出火龙果年糕、火龙果汤圆、火龙果面条、火龙果果酱、火龙果果汁、火龙果面膜等系列火龙果深加工产品。

二是增设青少年教育培训。米果果小镇抓牢新课程改革，配套建设农耕博物馆、火龙果文化主题馆、青少年农业科普馆、乡村记忆馆及农技培训基地，把米果果打造成中小学素质拓展、文化学习、亲子教育、艺术培训、学生托管、爱国主义教育等为一体的综合社会活动教育基地。

三是深挖农业文化旅游价值。米果果小镇坚持从生产到加工、旅游、文化创意的全产业链发展，形成“以农促旅、以旅带农、以工补农、农旅结合”的产业格局，紧紧抓牢特色农业旅游价值，开设生态餐厅、烧烤区、土灶区、火龙果主题文化馆、爱情花海、紫藤大道及灯光设施、动物园、水上乐园、儿童乐园、民宿工程、园区小火车等游玩项目，把农业转化为旅游服务业，既达到了农业价值的最大化，也达到了社会效益与经济效益的双赢。

（三）构建村企共同体，实现土地财富共享

创新土地流转模式后，村民从“旁观者”变成了“共同体”，村集体和村民除去在土地流转中的收益外，米果果集团还通过增加就业、提供发展机遇等方式进一步促进村庄发展、乡亲致富。米果果集团主动提出将村内闲散人员招工到米果果小镇工作，提高村民收入，仅周边村庄就有几百名村民在米果果小镇工作。米果果集团每年支付给周边农民的工资高达数百万元。米果果集团还积极为村集体和村民发展出谋划策，村里结合米果果旅游热潮，开辟村内一块闲置用地作为停车场，每年为村集体增收20余万元。村民通过米果果小镇的旅游效应在小镇内开设特色礼品店、冷饮店，在村内开设农家乐等产业，进一步增加村民收入，为一方群众带来了新的致富路径。

二、农旅结合、三产联动的主要成效

米果果小镇为全国首批107个农村产业融合发展试点企业，经过几年的建设，小镇运营效益良好，成绩斐然。园内3 152亩土地按照生产与休闲3∶1的布局，成功打造了火龙果、梨子、草莓、柑橘四季果蔬与澳洲龙虾、黄金鲷热带鱼特种水产养殖两个主导产业，规模化种植1 200亩火龙果。同时与科研院所合作进行产品深加工研发，已申请专利13个，行业标准2个，开发了火龙果干粉、面食等深加工食品，以及面膜、口红等日用品，延长了产业链条。通过一二三产联动，形成“农旅结合、以农促旅、以旅带农、以工补农”的产业格局，走出了休闲农业和旅游融为一体的生态发展路子，实现社会效益与经济效益的双赢。

（一）机制创新，取得多方合作共赢

米果果小镇以村股份经济合作社为纽带，采取“保底收益＋赠送10％股份＋利润分红”的形式与项目区农户建立紧密利益联结机制，让农民不仅分享种养业收益而且分享加工流通休闲旅游带来的收益，构建新型工农城乡关系，助推全面建成小康社会。米果果小镇每年可解决周边五个村的近500人就业。当地农民每年增收总量达到3 726万元，农民人均增收2 700元，村集体经济红利每年超过150万元。

（二）以点带面，推动三农纵深发展

通过一二三产融合发展项目建设，进一步完善农业基础性和公益性服务设施，改善农产品的贮藏保鲜、物流等设施装备条件，发展农产品精深加工，推动当地及周边果蔬产品的就地转化与加工技术的研发、应用，有效解决果蔬规模化生产带来的“销售难”等后续问题，促进农业产业链的延伸，提高产品附加值，带动当地果蔬产业发展。同时进一步深化农业服务内涵，拓展技术推广、信息服务、培训教育等农业服务功能。该项目的建设，可直接解决当地中老年农民180人就业，季节性用工达到350多人。示范带动当地和周边4 600多家种植户，带动诸暨市的餐饮、住宿、旅游、物流等相关产业的发展，为诸暨市、浙江省乃至全国探索出一二三产融合发展的现代农业新路子。

三、农旅结合、三产联动的启示

（一）因地制宜，实行差异化经营战略

重点开发引进火龙果等热带水果种植与推广，并通过农产品加工、农耕博物馆、教育培训基地等设施设备建设，实现农业“接二连三”和农产品加工业前延后伸，延长产业链、提升价值链、拓宽增收链，促进农村一二三产业紧密连接、协同发展，实行差异化经营。

（二）用心做农业，真心加实干

民以食为天，食以安为先，食品产业就是良心产业，米果果集团自从

事农业以来，始终将食品安全作为企业的头等大事来抓，“舍一份利益树诚信，积一份功德拒黑心，是企业的立足之本”。良好的口碑得益于始终如一的坚持，从种子采购、种植生产到采收贮藏全过程的严格把控，特别是严格投入品的管理。

（三）农业要有创意，提高农业效益

种植要定位正确，不能随波逐流，不与广大农户争利。注意产品创新，种植创新，模式创新，要在保持农业用地性质不变的前提下，发挥土地的商业价值，如卖场与休闲、光伏农业与生物农业，把常规产品做成商品礼品。城市与乡村相结合、主导与多元相结合、自营与众筹相结合、粗放与精细相结合、文化与创意相结合、产业与互联网相结合，让每寸土地效益都发挥到最大化。

（四）“五指并举”，让农业好吃好看又好玩

通过创意和策划，米果果小镇把农业与休闲观光、教育培训等结合起来，创造性地提出现代农业“五指”发展理论：手掌是赖以生存的土地，大拇指代表种植养殖，坚持休闲农业的发展必须以种植养殖为基础；食指代表深加工，通过加工让产品变商品，商品再提升为礼品，增加农产品的附加值，拉长农产品的产业链；中指代表休闲旅游，坚定农业的旅游就是让种植养殖景观化、体验化、道路景观化，而非城市化旅游产品嫁接；无名指代表农业科普教育，给农业赋予教育功能；小拇指代表文化创意，让农业有根有故事，让文化融入产品设计、包装、经营理念中。血脉经络代表“互联网＋”，线上商城、直播、抖音，通过互联网把农产品、旅游产品推广出去。通过血脉经络，各产业相连，农业这只手才能打出组合拳，实现农业的“接二连三”：从农产品生产到深加工、休闲旅游、农耕教育、文化创意的全产业链发展，形成“以农促旅、以旅带农、以工补农、以农助教、农旅结合”的产业格局，“让农业好吃好看又好玩”。

三易易：做大做强农业龙头企业

衢州市三易易生态农业科技有限公司（简称“三易易”）位于衢州市衢江区全旺镇省级现代农业园区，占地面积 6 000 余亩，是一家集科研、技术服务、畜禽养殖、种子种苗培育、花卉果蔬种植、休闲观光于一体的综合性农业龙头企业。企业秉承尊重自然、敬畏自然、顺应自然的理念，以土地不累、生物不累、人不累为企业精神，以内化于心、外化于行、固化于制、显化于物为工作信念，致力于发展数字农业、创意农业、高效农业和绿色农业。截至 2022 年 7 月，三易易已建设生态牧场 500 余亩，精品水果基地 2 000 亩，优质稻米种植基地 1 500 亩，彩色苗木基地 2 000 余亩，中草药组织培养中心 10 000 余平方米。三易易已被评为国家级农业高科技园区、国家级生态循环农业园区、省农业科技企业、省级研发中心和衢州市农业龙头企业。

一、做大做强农业龙头企业的主要做法

（一）种养结合，实现农业废弃物资源化利用

三易易生态农场是首批国家级生态农场之一，通过开展种养结合的生态循环模式，以及秸秆和畜禽废弃物的无害化处理资源化综合利用，农场基本实现了“一控二减三基本”及“区域农业废弃物零排放和全消纳”的目标。

一是沼液变废为宝。近年来，我国畜禽废弃物污染治理正逐步由初始的以治为主向资源化利用转变，沼液已逐渐成为农业种植领域炙手可热的新型有机肥料。为促进生态农业和有机农业的发展，三易易农场建设了 24 000 余立方米的沼液储存池，并配套安装长达 3.2 万米的沼液输送管以及喷滴灌系统，将沼液用作基肥、追肥的同时实现了沼液的喷滴灌应用，覆盖种植面积 2 200 余亩。

二是水肥同灌，水肥一体。水肥同灌是一种新型的现代农业技术，具有节水节肥、提升作物品质的优势。三易易农场共建有10个雨水收集池，雨水流经沟渠系统进入收集池，再通过水肥一体化管道被用于作物的日常灌溉。同时，农场将养殖污水通过膜浓缩装置转变为符合浇灌水标准的过滤水和浓缩沼液配方肥，再将沼液配方肥通过肥水一体化管网进行使用。得益于肥水同灌技术，三易易的养殖废水资源化利用率达到100%。

三是秸秆综合利用。通过实施包含秸秆利用在内的废弃物无害化、资源化综合利用工程，三易易建立起以产业转型提升和废弃物循环利用为重点的生态循环运行体系。一方面，三易易将农场产生的秸秆以及从周边农户手中回收的秸秆利用发酵技术转变为饲料，用于生猪养殖，在有效开发利用饲料饲草资源的同时降低了饲养成本；另一方面，三易易加大研发投入，注重脆秆水稻的培育，从源头提升秸秆的利用价值。脆秆水稻的秸秆易粉碎，有更高的饲用价值，应用前景看好。新品种的研发有望加快推进种养结合、绿色循环的农业发展新模式。

（二）重视品质，主打绿色健康产品

随着我国经济迅猛发展与生活水平的提高，人们对农产品的要求也越来越严格，传统农业也随之转向品牌农业、智慧农业和绿色农业。绿色农产品时代是国家与市场呼唤的主流方向，有想法、有实力、有初心的企业由此获得发展良机。三易易在农业领域深耕多年，致力于保障绿色农产品质量。

一是善用绿色防控技术。三易易优先采取生态调控、生物防治、物理防治和科学用药等环境友好型技术措施控制农作物病虫危害，将太阳能杀虫灯、性诱剂等防控设施覆盖整个种植园，并辅之数字化管理技术，实现对果园及种子种苗中心管理的全程自动化和对病虫害防控的远程可视化。

二是严控化肥使用量。要全面推动绿色发展，调整农业投入结构，减少化肥农药使用量是必然要求。三易易利用农场的秸秆和牧场的猪粪，通过智能好氧发酵生产有机肥，并将其运用在农作物种植上，既保证产品品质，提高作物产量，也有助于培肥地力。

三是实行精准化管理。农作物病虫害防控需要与科技深度融合，以提升防控效率和农业智慧化发展水平。三易易配备130平方米的检测中心，

荧光 PCR、超净工作台、数显电热恒温水浴锅、智能光照培养箱、水分测定仪、pH 计等仪器设备齐全，为三易易产出绿色健康农产品提供精准化检测服务。

（三）立足优势，深耕精品农业

致力于发展精品农业产业，三易易大力培育高品质水稻、精品水果、彩色苗木、中草药等优质品种，成果颇丰。易香米和金线莲曾获得 2017 年浙江农业博览会优质产品金奖。易香米是三易易从湖南水稻研究所引进的水稻品种，具有米粒纤细修长、玉白晶莹、香甜绵软、细腻芳香的特点。被誉为“金草”的金线莲是三易易重要的精品产品，鲜品每斤售价可达 500～800 元，干品每斤售价在 1.6 万元以上。近年来，三易易注重金线莲衍生产品的研发和食用方法的创新，从鲜品到干品再到胶囊，金线莲的经济效益不断提升。此外，三易易农场种植蓝莓、樱桃、鸡尾葡萄柚、无籽沃柑、翠冠梨等 10 余个优质水果品种，共计 2 000 余亩，年产优质水果 100 余吨。

（四）聚智赋能，践行产学研合作

现代农业注重科技创新，加速提升科技创新能力是涉农企业增强竞争力的体现，也是农业科技自立自强的关键。为提高企业自主创新能力，三易易高度重视与专业技术团队的合作，项目“特色水生蔬菜品种选育及其配套栽培技术研究与产业化”曾于 2015 年获得中国产学研合作创新成果二等奖。目前，企业已与中国农业大学、浙江大学合作成立衢江区生猪科技小院，与国家观赏园艺工程技术研究中心、国家家禽工程技术研究中心、上海低碳农业工程技术研究中心、上海市农科院、浙江省农科院、浙江师范大学、浙江科技大学、浙江农林大学等 10 余家科研院所、大专院校建立科技合作关系，同时与浙江师范大学合作成立衢江区专家工作站，致力于解决衢江区蓝莓种植户生产种植技术问题。

（五）数字赋能，推进高质量发展

让数字技术赋能“三农”领域，提升农业数字化水平，发展智慧农业是实现农业高质量发展的重要路径。网络成为新工具，数字成为新农资，三易易用好数字化“新农具”，探索生产新模式，谋求销售新路径，做好高质量发展新尝试。

一是生产过程数字化。为实现数字化转型，三易易导入数字化模式，在金线莲等中药材种植基地和精品水果种植基地安装了物联网设备。物联网采集器每隔 10 秒检测大棚内的空气湿度、土壤温湿度、二氧化碳浓度、植物新陈代谢能力等相关数据，管理者可以对农作物进行及时准确的智能化、远程化管理。同时，企业也实现了田间水肥管理自动化、养殖场粪污清理机械化和废气处理除臭净化，生产全程实现机械化、生态化、数字化、智能化，生产效率大幅提升。

二是农产品信息可追溯。食品安全问题一直备受关注，得益于物联网在农业中的应用，消费者通过扫描产品二维码，即可对农产品追本溯源。为解决产品二维码易复印、难防假的问题，三易易从 2015 年开始运用近距离无线通讯技术，将水果种植、肥水、除草、采摘等信息植入不易被复制的电子芯片中，以升级农产品溯源技术。消费者只需下载安装相应的 APP，将手机靠近产品即可获取相关信息。

二、做大做强农业龙头企业取得的主要成就

经过多年发展，三易易逐步做大做强，成为农业龙头企业的典型代表，取得了很好的经济效益和社会效益。企业参与水生蔬菜、粮食、水果等农业科技和农业标准化多个项目，目前已实施国家级项目 4 项，省级项目 3 项，市级项目 2 项，区级项目 3 项，获得项目扶持资金超过 6 000 万元。2022 年，企业申报具有自主知识产权的水稻新品种 3 个，申报发明专利 3 项。

（一）经济效益显著

2021 年三易易生态农场生产的金线莲、优质稻米、水果和苗木总销售额超过 2 000 万元，公司牧场出栏肥猪 30 000 多头，实现经济效益 9 000 余万元。

（二）生态效益明显

三易易通过园区生态循环农业建设，实行畜禽养殖废弃物、秸秆及其

他农业废弃物的生态循环利用和无害化处理，实现农业生产节水 50%以上、农药施用总量减少 35%以上、化肥施用总量减少 70%以上、畜禽粪便利用率 98%以上、秸秆及其他农业废弃物利用率 92%以上、大田作物使用畜禽粪便和秸秆等有机肥替代化肥比率达到 70%以上。同时，通过种植各种果树和苗木，当地植被覆盖率实现提升，有助于减少水土流失，改善生态环境。

（三）社会效益突出

三易易致力于乡村振兴发展，带动老百姓实现共同富裕。2021 年，企业带动当地就业 100 余人，增加农业收入 5 000 万元以上，人均收入达到 3 万元以上，有力地促进社会稳定、农业增效和农民增收。同时，公司积极推进产业生态化、生态经济化，有力促进衢江区县域大循环体系构筑和农业可持续发展长效机制建立。

三、做大做强农业龙头企业的启示

（一）农产品品质是核心

三易易的产品得以从众多竞争品中脱颖而出，要归功于其产品的高品质：在品种选育上，精益求精，重点培育优质品种，例如水稻品种玉针香；在种植环节，依托绿色调控技术和数字化管理手段，科学控制化肥农药使用量；在销售环节，建立农产品质量安全追溯系统，用具体信息展现产品品质，让消费者买得放心。新修订的《中华人民共和国农产品质量安全法》将从 2023 年 1 月 1 日起施行，这是我国农产品质量安全领域的一件大事，从立法层面说明了农产品质量安全是头等大事，敦促各农产品生产经营主体要明确主体责任，坚持诚信生产，守住农产品质量安全底线。更进一步，农业企业如果想要立足长远，提升经济效益，也需要从品种培优、标准化生产、产品品质宣传等方面着手，提高农产品品质。

（二）农产品品牌是关键

金线莲市场前景广阔，众多杭、沪客商上门收购，是三易易的精品产品之一，打响品牌将更有利于这款产品走向全国。《国家发展改革委等部门关于新时代推进品牌建设的指导意见》中也指出，品牌是高质量发展的重要象征，打造提升农业品牌要深入实施农业生产“三品一标”提升行动，加强绿色、有机和地理标志农产品培育发展，打造一批绿色优质农产品品牌。要打造现代农业核心竞争力，就要推进农产品品牌建设，以自身品质为依托，找准差异化切入点，更有可能获得消费者的青睐。

（三）数字赋能助力农业发展

与时代接轨是最好的创新，在智能时代的开端，农业也需要吸收时代新成果。在生产环节，依托数字化管理，三易易实现对果园和种子种苗中心的管理全程自动化，实现病虫害防控的远程可视化，实现田间水肥管理自动化、牧场养殖数字化和粪污清理智能化，明显提高生产效率。数字化的利好不止于此，在分配环节，网络销售平台使得三易易的产品走出衢江，走向杭、沪甚至全国。在销售环节，为解决生产者与消费者的信息不对称，三易易对农产品坚持做好信息追溯，为消费者展示从生产到加工的细节信息。近年来，数字技术在我国农业领域加速推广应用，与农业生产经营深度融合，信息与产品环环相扣，种植业信息化、畜牧业智能化、渔业智慧化、种业数字化进一步加快。依托数字赋能，未来农业将迸发出无限可能。

柚香谷：三产融合促进富民产业大发展

“柚香谷”创立于2015年，是浙江常山恒寿堂柚果股份有限公司开发的品牌，公司2015年将香柚引种进常山，先后投入3亿元的资金，从拓荒、平整土地、育苗、移栽等做起，累计培育香柚苗木60万株，并且在白石镇、天马街道、金川街道、紫港街道、辉埠镇等乡镇（街道），流转、移栽种植香柚面积超万亩。公司一直致力于胡柚深加工产业，目前已经形成涵盖果蔬汁、酵素、蜜炼和小零食等四大品类近50种的胡柚深加工产品。公司的“双柚”深加工原料产品及其制品年总产值达到50亿元以上，税收总额5亿元以上，吸纳劳动力1 000人以上，年带动农民增收1亿元以上，使香柚成为推动乡村振兴和产业发展的重要支柱产业。

一、三产融合的主要做法

浙江常山恒寿堂柚果股份有限公司所处的常山县盛产胡柚，其食用、药用价值极高，是中国国家地理标志产品。随着胡柚产业的转型发展，常山的胡柚生产企业纷纷由“销售鲜果”向“精深加工”转变。柚香谷在发展中抢抓机遇、乘势而上，进一步打造农业新业态，做深发展规划，以一、二产业的蓬勃发展作为基础，响应国家大力提倡的“田园综合体”农业升级的方针政策，以“日本香柚”的3万亩种植基地为蓝本，构建起综合循环农业、生态养殖、农业观光、农事体验、度假休闲、特色餐饮、新零售购物为一体的“柚香谷”田园综合体。

（一）以提高质量为目的，全面打造“柚香”品牌

一是扩大种植规模。坚持把常山胡柚这一全国特色优势农产品打造成为柚香谷品牌核心，扩大胡柚种植规模。截至目前，浙江柚香谷投资管理股份有限公司累计投资3亿元，在5个乡镇（街道）26个村种植香柚1万

余亩，累计培育香柚苗60万株，成为国内最大的香柚种植基地和柚子全产业链基地。

二是提升胡柚品质。以标准化、绿色化、规模化、设施化、智慧化“五化”为引领，按照“开发新建一批、改造提升一批、集中流转一批、嫁接更新一批”的思路，大力实施标准化果园创建工程，采用“评先奖优”等方式，引导和支持种植主体加强柚园基础设施配套建设，注重应用优选新品种、专用有机肥、设施栽培、生物防控、数字分选等先进适用技术，保障从苗木定植到栽培管理再到分级贮藏全程的标准化、可溯源。

三是开发产品优势。引进日本四国岛南部高知县的香柚，将香柚芽从海外直接进口至常山。香柚作为源于中国、兴于日本和韩国的特色柑橘新品种，与胡柚优势互补，可开发多功能系列产品，极大地促进了胡柚新产品开发和产业链延伸。在小规模实验后，香柚苗木嫁接成功，成活率达到98%以上，为后续生产打下坚实基础。香柚独一无二的柚子香味，成为柚香谷产品区别于其他同类产品的最大特征与竞争优势。

（二）以三产融合为抓手，促进富农产业大发展

一是深化农旅融合。柚香谷始终坚持胡柚一二三产业融合发展战略，积极探索产业融合发展新路径。柚香谷项目所在的白石镇草坪村，历史上曾为驿站，是常玉古道上的明珠，历来为兵家必争之地。古宅占地约600平方米，主体全部雕梁画栋。在设计之初，就充分与草坪古驿的历史文化、传说故事相结合，定位为“草坪古驿高端民宿”。依托一产的种植基地良好的生态资源，柚香谷还规划了特色民宿、餐饮等旅游三产项目，在常山县打造国际慢城的发展目标下，利用香柚这一特色物产，建设生态农业示范、滨水颐养理疗、户外野趣休闲、山地运动度假、乡村风情旅游、康体养生度假、生态景观休闲、芳香产业集聚等功能板块为一体的柚香谷综合旅游度假区、古建筑游客接待中心、高端民宿、香柚园观景凉亭等旅游休闲观光设施。

二是强化农工融合。柚香谷一直致力于加快农业工业化联合发展步伐，增强精深加工能力。在香柚采摘后，柚香谷将综合“胡柚”和“香柚”推出新产品。与江南大学等科研机构进行技术合作，对胡柚、香柚原料进行深入研发，并投入1 000万元资金引进了国内先进的柑橘榨汁、切

丝、提油，预处理生产线，最终成功开发出融合胡柚滋补功效与香柚独特清香风味的“双柚汁”产品，并迅速推向市场。除成功开发、上市柚香谷双柚汁，结合常山胡柚和香柚的特点，柚香谷实时提出了“双柚合璧”的产品开发思路，成功开发上市了双柚乳酸菌饮料、香柚啤酒、香柚果酒、双柚月饼等系列食品，以及以香柚为核心原料的洗护系列日化产品。

三是优化农商融合。围绕胡柚、食用菌等农产品的储存、运输环节，打通产品冷库仓储、运输调配管理系统，实时采集冷库数据，合理调配仓库空间。同时统筹物流企业，串联农批市场，提升短链流通能力。配合衢州市的物流体系，即以杭州为中心，辐射宁波、嘉兴等五个省内重要集散点，实现县域农产品 1 小时进市、5 小时通省，物流提速 50%以上。

（三）以多元化投入为依托，缓解企业发展压力

一是发挥财政支农政策的撬动作用。为推动“双柚合璧”产业发展，各级财政在土地流转、香柚种植、设施设备等方面均予以财政补助，发挥了较大作用。土地流转方面现已补助 824.42 万元，香柚种植方面现已补助 530.83 万元，香柚基地水肥一体化建设方面已补助 229.91 万元。根据企业后续实际实施的水肥一体化项目，继续予以补助，对柚香谷公司自建的香柚标准化基地建设及休闲果园建设共给予 375 万元的补助，对柚香谷公司引进的“双柚”加工生产线给予 840 万元补助；柚香谷公司购置的农机具设备、商品有机肥推广、农产品质量安全追溯系统建设共给予 8.71 万元补助。

二是“两山银行”盘活闲置资源。常山县成立“两山银行”建设工作领导小组，成立并实体化运作“两山银行”，走出了一条“数字赋能、挖潜增效、抱团经营”的生态价值有效转化路径。除了为农业企业提供资金支持外，“两山银行”还搭建了“生态云脑”平台，将各类已收储、未收储的生态资源做整理、归纳、包装、改造，让分散的资源聚起来。常山两山银行以 2 500 万元收购柚香谷公司 3 600 亩基地（含 30 万株香柚树），再返租给企业经营，为其注入了资金“活水”。当地政府投入 2 400 万元用于开发香柚种植基地，建成后租给柚香谷公司使用，减轻公司资金压力。

二、三产融合发展取得的成效

通过三产融合发展，农业龙头企业的带动作用得到发挥，柚香谷取得诸多瞩目成就，实现不断盈利及获得一系列殊荣，柚香谷对于乡村建设的辐射效应不断凸显。

（一）致力产业链延伸，反哺农村经济

深加工的兴起，产业链的延伸，不仅能够给企业带来直接效益，也推动了胡柚收购价格稳步提升，带动村民增收，解决就业问题。柚香谷积极响应政府“一村一品，一县一业”政策，通过三产融合的发展，吸引农民在家门口就业，通过土地流转、植保劳务、采摘劳务、生产制造劳务，以及度假区带来的观光、住宿、餐饮等项目，提高居民经济收入。

（二）聚焦三产融合发展，推动产业融通

柚香谷依托一产的种植基地良好的生态资源，在常山县打造国际慢城的发展目标下，利用香柚这一特色物产，建成集芳香植物育种、种植、生产加工、产品研发、教育培训、康养休闲于一体的三产融合全产业链发展的“双柚芳香产业科技示范工程”。村集体盘活闲置厂房投资350万元配套新建香柚冷链仓储中心、青果晒场，村企联合开发深加工产品带动传统产业发展，有效推动产业融通、村企融合，“农业＋旅游”合力奏响兴业“共富曲”。

（三）农业发展护绿富民，改善农居环境

常山县“两山银行”搭建了“生态云脑”平台，将各类已收储、未收储的生态资源做整理、归纳、包装、改造，让分散的资源聚起来。通过“两山银行”将土地转租给柚香谷，使村庄废地、失管园地等发展第一产业，保持水土、提高绿化率，提高土地利用率和单位产出率，为当地带来了良好的生态效益。深化农旅融合，在不破坏原有环境的基础上，增添新的经济效益。

（四）打造优秀当地品牌，增加财政收入

柚香谷通过对饮品的创新性开发，得到市场的认可。从 2020 年销售额不足千万到 2021 年突破 3 000 万元，再到 2022 上半年累计销售已突破 1.5 亿元。按照市场需求估计，2022 年的营业额将突破 3.5 亿元。企业“双柚”深加工原料产品及其制品年总产值达到 50 亿元以上，税收总额 5 亿元以上，吸纳劳动力 1 000 人以上，年带动农民增收 1 亿元以上，使香柚成为推动乡村振兴和产业发展的重要支柱产业。

三、推动三产融合发展的体会

柚香谷胡柚产业融合发展，经济效益、社会效益、生态效益都得到提升，推动了乡村振兴。以常山胡柚产业融合发展、推动乡村振兴的情况来看，有以下几点体会。

（一）保障措施到位是促进胡柚产业融合发展、企业发展的基础

常山县在促进胡柚产业融合发展方面采取了多项保障措施，是推动企业发展的基础。一是资金保障。为确保项目顺利实施，整合有关项目和财政资金，统筹安排专项资金支持，吸引社会资本的流入，缓解企业发展的资金压力。二是用地保障。不断完善示范区范围内的土地经营权和宅基地使用权流转机制、建设用地调剂使用机制、低效用地再开发激励机制、低丘缓坡地开发机制。并且配合常州“两山银行”盘活闲置资源，进行土地的流转。三是科技保障。加强与科研单位、技术推广单位的联合，以高校及科研院所为技术支撑，加强关键技术创新研究。支持企业承担各类科技成果转移，联合各类科研机构成立研发中心，联合开展科技研发、应用和推广，推动科技成果转化和产业化。

（二）品牌走向数字化是新零售时代的核心竞争力

柚香谷对品牌进行数字化升级：以码为链，连通商品全生命周期。根据柚香谷商品不同品类、包装和规格，提供量体裁衣式自动化生产线改造方案，高速度高精度自动化产线助力柚香谷跑出“加速度”。通过数字赋

能，多码关联，高效实现产品数据化、信息化采集管理。信息贯穿于生产、包装、仓储、物流、市场流通、消费等全生命周期，各环节数据沉淀可实现产品追溯、渠道管控、消费者互动等功能，有利于企业进一步提高经营管理效率，增强市场的掌控力。

（三）坚持胡柚深加工产品开发与研究是提高胡柚附加值的重点

科技投入是创新的关键，柚香谷公司经过缜密的市场调研分析，在掌握饮料产品市场需求动态的前提下，与江南大学等科研机构进行技术合作，对胡柚、香柚原料进行深入研发，并投入 1 000 万元资金引进了国内先进的柑橘榨汁、切丝、提油、预处理生产线。最终成功开发出了融合胡柚滋补功效与香柚独特清香风味的“双柚汁”产品，一经上市便受到高度认可，并以“一份常礼”形象，成为常山当地特色产品。目前柚香谷已开发 50 多种胡柚深加工产品，成功上市了双柚乳酸菌饮料、香柚啤酒、香柚果酒、双柚月饼等系列食品，以及以香柚为核心原料的洗护系列日化产品，进一步深掘胡柚的附加值。

第七篇

乡村治理与乡村振兴

月亮桥村：以乡村振兴促进共同富裕

乡村振兴，产业是基础，共同富裕是目标。月亮桥村位于天目山国家级自然保护区南麓，坐拥天目山秀美的自然风光，为天目山旅游必经之地，村庄由陈家、陆家、金坞三个自然村组成，区域面积 6.8 平方千米。美丽乡村建设改变了月亮桥村的面貌，实现了村强民富的发展目标。月亮桥村先后获得了全国文明村、国家级人口计生基层群众自治示范村、浙江省文明村、浙江省民主法治村、浙江省 3A 级景区村庄、杭州市美丽乡村精品村、杭州市先进基层党组织等 30 余项荣誉称号，2021 年人均纯收入 42 318 元。

一、开展美丽乡村建设的主要做法

近年来，月亮桥村依托天目山的区位优势，以党建工作为引领，两委班子凝心聚力，党员干部示范带头，全村上下团结一致，整合资源、筑巢引凤，扎实开展美丽乡村建设。先后开展了“千村示范、万村整治”“清洁乡村”“精品村”“村落景区”“风情小镇”“五水共治”“三改一拆”“垃圾分类”等一系列新农村建设工作。

（一）抓好各支部之间的党建基础组织网络体系建设，发挥农村党支部组织战斗作用和堡垒作用

村党总支部首先抓住对党员的政治思想教育，坚持“三会一课”学习制度，对党史、党章及党的有关文件进行学习；其次，重视对年轻、文化水平高、思想进步的青年的培养，教育、吸收他们入党；再者，建立党员联系群众制度，组建了 48 个党员联系群众工作小组，使全村所有农户与党员对接，加深了党群关系。同时，村党组织领导班子积极重视农村党风教育廉政体系建设，充分发挥了村监委会自身的桥梁作用，做到民主党

务、村务公开（上村墙），透明办事，接受全村群众监督。由于村党总支部长期坚持重视党员对本村党组织建设的监督工作，月亮桥村党总支部被上级评为“全国文明村”和“临安区五星级基层党组织”等。

（二）立足村庄战略布局，谋划思路定方向

月亮桥村正在把集镇建设项目资金重点投入到危房拆整、绿道、游客咨询点、停车场、公共厕所、景观节点、美丽乡村庭院工程等八个方面。整合利用村内闲置资产，大力吸引人们回乡创业，潜心孵化培育多样化旅游产品。此外，还经常组织引导村里部分党员、组长、代表定期外出调研考察村落景区示范点，邀请当地专业人士来为示范引领型特色村落景区规划建设想思路、献点子，形成村落景区“三区一轴”的布局。注册成立那月乡旅游发展有限公司，实行联动模式，建立统一运营管理的机制。据统计，2020 年村内发展农家乐、民宿、观光园采摘农业和农村各类家庭作坊，接待外地游客数量超过 20 万人次。

（三）紧抓土地确权机遇，盘活土地保增收

以全省颁发第一本《农村土地承包经营权证》为契机，加快推进确权后的土地流转工作，将农户手中的承包地集中流转到村股份经济合作社，再由村股份经济合作社统一出租给农业开发有限公司和农民专业合作社，用于发展规模化、园区化农业。2017 年成立“草木花香”玫瑰园和水果专业合作社，2018 年成立杭州临安百宝园草莓专业合作社。2021 年 5 月成功流转土地 110 余亩种植月亮米，预计为村集体带来收入 30 万元。

（四）借力村落景区建设，打造民宿助振兴

统一规划布局，实施业态招引、建设、运营，2020 年至今共投资建设项目 11 个，投入资金 3 000 万元。月亮桥村民宿（农家乐）产业发展迅速，“月亮工坊”民宿成为首批“浙江省白金民宿”。开发天目古窑遗址并建造了 400 多平方米的农产品展示厅和 480 平方米的民宿学院。目前，通过旧宅改造民宿，盘活闲置资产，招商经营，村内普通农家乐向高端民宿转型的趋势正逐步形成。2020 年，以“月亮工坊”民宿为核心，又联合高端民宿成立“天目宿集”集群化运营联盟，实现统一品牌、联合营

销、一体化运作。同时，还成立村落景区运营公司，建立统一运营公众号、小程序，开发线上智慧乡村平台；统一推广、营销，全力打造“天目宿集”民宿品牌，先后举办了“天目乡宿”年俗节、乡贤大会、月亮桥村振兴乡村联谊会第一届茶话会等活动。

（五）依托优美环境资源，推进三产促发展

月亮桥村旅游区位于浙江天目山国家级生态自然保护区中南麓，坐拥浙江天目山独特秀美宜人的乡村自然风光，为浙江天目山乡村景区开发必经之地，先后陆续建成运营了月亮桥湾生态漂流、月亮房车基地等特色项目，并陆续通过与村落景区运营商沟通合作，招引发展了国画博物馆、运动休闲民宿、浙江陶艺坊、木工坊、雕塑馆、茶室、酒吧等 11 个农家乐项目。2019 年村内各类餐饮作坊已接待外地游客数量超过 20 万人次，运营公司实现一次性赢利超 20 万元以上。同时，村集体通过土地整理等各类资产每年收益达 350 万元，农户自身的各种经营收入也开始得到稳定增长，集体经济和周边村民实现双增收。

二、开展美丽乡村建设取得的主要成效

美丽乡村建设改变了月亮桥村的面貌，提升了月亮桥村的品质和影响力，村级组织的战斗力得到了加强，进一步密切了党群干群关系。

（一）树立了良好的为民服务作风

通过抓好党组织的学习建设，加强对了广大党员干部的经常性政治思想的教育，提升干部的工作技能，形成党员带头，群众跟着党员走的氛围。监督问责制度完善，群众与党员联系日渐紧密，建设中发现的问题及时上报解决，充分采纳村民们的建议，更大程度实现了村民的利益。

（二）建立了多方共赢的利益联结机制

建立土地承包经营权、土地流转使用权、农房流转使用权抵押等融资渠道。通过创新公司化经营模式，促进土地流转，激发了村庄经营的持续内生动力，满足了大多数人的共同利益。收入来源方式多元化，农民收入

除了竹笋、山核桃、高山西瓜等传统收入外，开办农家乐、民宿、租赁土地等方式成为新的收入来源。

（三）完整保留当地特色传统技艺

保留天目盏、绣球等传统工艺，建立国画博物馆、运动民宿、陶艺坊、木工坊、雕塑馆、茶室、酒吧等，丰富生活与旅游的多样性，新建了旅游娱乐设施，游客人数不断增长。

（四）形成招商引资吸引人才方案

吸引带动了一批返乡大学生青年回乡务工就业创业，充分激发出他们就业的内在积极性、创造性，发挥了人才的知识技术优势，进而有效带动农村重点产业项目快速稳定发展，带动农民增收致富。

三、进一步推进美丽乡村的思考

美丽乡村建设改变了月亮桥村的发展轨迹，月亮桥村将根据临安区委区政府提出的“大天目”发展战略，主动融入大天目旅游发展规划，继续利用集体土地、山林和闲置农房等资源，积极保护和传承元代窑址等文化遗产，努力整合各种产业优势，串点成线，以线带面，建成一条休闲观光体验式旅游线路，把整个村庄建设成为美丽的景区村庄，使之成为月亮桥村增加集体和村民收入的一个新途径。临安区月亮桥村美丽乡村建设的探索实践，为乡村振兴促进共同富裕发展做了有益的实践探索，提供了宝贵的经验和启示。

（一）充分挖掘并利用当地优势

月亮桥村坐拥浙江杭州天目山核心景区和秀美宜人的自然风光，为游客前往杭州天目山的核心景区的必经之地，自然环境极为独特优美。月亮桥村依托区域优势，持续努力促进乡村融合一体化健康发展，完善现有的村庄基础设施。通过筑巢引凤项目，已成功地招引入驻并运营了月亮湾生态休闲漂流、月亮房车基地、国画博物馆、运动养生休闲度假民宿、陶艺坊、棋牌室、木工制作体验坊、雕塑手工制作体验馆、茶室、酒吧餐厅等多个特色旅游产品，实现经营性资产收益每年高达 350 万元，农户的土地、房屋租金收入，经营性分红，工资性收入也得到有效增长，集体经济和村民实现双增收。

（二）建立多方共赢的利益联结共同体，推进村庄可持续经营

村庄经营需要村民、集体、运营商以及政府的多方参与，确保各方能够在村庄经营中获得相应的利益，是确保村庄持续经营的重要保障。月亮桥村建立村级股份经济合作社，引入农业开发有限公司和新型农民专业合作社，用于发展特色规模化、园区化农业，完善农村互惠共赢的集体利益分配机制，激发了村庄经营的持续内生动力。

（三）产业抱团，将第一二三产业融合发展

月亮桥村自然资源丰富，可将土地流转、房田林地与就业进行融合发展。自 2017 年以来按照环境提升、产业培育和人才引进“三位一体”的思路布局，与“天目月乡”村落景区构成一个完整框架。依托优美的自然资源，进一步完善基础设施，招引项目，壮大集体经济，延长产业链和价值链，创造家门口的就业机会，激发了村民共同富裕的内生动力。

（四）注重挖掘地方特色文化资源，推进乡村文化振兴

月亮桥村内有极具代表性的月亮桥，除此之外，还有索面文化、手蹴鞠、天目山美术馆等，美术馆内的各种窑器极具特色，文化内涵丰富；精巧美丽的手蹴鞠是重要的非物质文化遗产，其在手工艺市场上占有重要的地位，通过制作特定的包装和线上线下相结合，有利于其更好地销售与传承。

（五）引进专业人才，引导优秀大学生返乡就业

乡村振兴，人才是关键。月亮桥村积极引进大学生担任村官，为其注入了青春的活力与激情。大学生回乡当村官，也可以将市场意识带到农村，让农民用市场经济思维推动乡村建设与发展，促进乡村振兴战略的实施。

洪溪村：创建乡村治理促振兴的样本

洪溪村位于嘉善县天凝镇东部，经过十几年的变化，洪溪村从远近闻名的“问题村”，变成党群干群亲如一家的“和谐村”；从账上只有 2.4 元的穷村，变成年固定收入超 350 万元的富村；从脏乱差的“后进村”，变成环境美丽乡风文明的“幸福村”。2020 年村集体收入 1 000 多万元，村民均纯收入 45 521 万元。近年来，洪溪村先后荣获了全国民主法治示范村、全国乡村治理示范村、2018 年中国最美村镇治理有效奖、2019 年中国最美村镇乡村振兴榜样奖、2020 年中国最美村镇乡风文明成就奖、全国民主法治示范村、中国最美村镇五十强、全国妇联基层组织建设示范村、全国综合减灾示范社区、浙江省文明村、浙江省全面小康建设示范村等称号。洪溪村十多年的发展变化，关键是坚持党建引领，选好领头雁，念好善治经，打好文化牌，提升服务力，走出一条乡村治理的洪溪样本。

一、涵养乡风文明助力乡村振兴的实践

近年来，天凝镇洪溪村通过开展文化活动来满足村民迅速增长的精神文化需求，以乡风文明打造乡村振兴之“魂”，从昔日上访不断的“问题村”蝶变为如今乡风文明的“幸福村”，实现小乡村的大振兴。

（一）以文化人聚民心，筑牢乡村振兴根基

一是打造特色文体阵地。洪溪村把文化礼堂建设作为一项民心工程来抓，投入 600 多万元建造篮球场、排舞场、门球场、文化礼堂等阵地，并配备专人进行管理，为建立良好的文明健康生活方式开辟了阵地，推动文化礼堂成为培育、弘扬文明乡风的实践地，促进乡村振兴的文化新地标。

二是举办多彩文体活动。洪溪村每年举办篮球赛、农民文化体育节、文艺汇演等各类文体活动百余场，动员全村村民参与文化活动。其中，

“相亲相爱一家人”活动，全村村民给村里 58 对老人贺金婚，为 96 位 80 岁以上老人过生日。通过丰富的文体活动，让村民真正“聚”了起来、“忙”了起来、“乐”了起来，尤其是全村村民参加的文体活动，拉拢了村民间的距离，温暖了邻里间的情，凝聚了全村人的心。

三是培育特色文体品牌。洪溪村积极打造“洪溪篮球”和“辣妈宝贝”两张文化金名片。洪溪篮球早在 20 世纪 70 年代就享誉一方，成为溪村村民一项人人参与的体育活动，2016 年 1 月，中国合作经济学会农村社区小康建设专业委员会授予天凝镇“中国小康村篮球赛发祥地”称号，从此洪溪村成为中国小康村篮球赛总决赛的永久承办地。除了洪溪篮球外，洪溪村把“女能人”组织在一起，成立“辣妈宝贝”舞蹈队。“辣妈宝贝”成立至今，已 2 次参加“中国达人秀”，5 次登上中央电视台，并受邀参加西班牙第 42 届龙达国际民间艺术节，吸引了众多国外粉丝。在两张文化金名片的带动下，全村建成了乒乓球队、舞龙队、男子舞蹈队等 20 多支文体队伍。全村 18 个村民小社，都有自己的文体队伍，500 多户人家，几乎家家户户都参与其中，基本形成了“社社有队伍、家家有骨干”的良好局面。

（二）以德润心树新风，铺就乡村振兴底色

一是文明评创常态化。洪溪村着力挖掘各类思想道德先进典型，广泛开展“五户”评创、“八户”联创、善美家庭等先进模范评选活动。2009 年，洪溪村在全县首创“五户”评创（即尊老爱幼户、邻里和睦户、热心公益户、卫生清洁户、创业致富户）活动，引导广大群众向榜样看齐，进一步倡导文明乡风，培育优良家风、淳朴民风。截至目前，已有 500 多户家庭获评。

二是村规民约制度化。以“一约四会”（即村规民约，村民议事会、道德评议会、禁赌禁毒会、红白理事会）制度为主线，引导辖区群众共倡新风，不断推动移风易俗。制作文明乡风倡议书，“辣妈宝贝”入户宣传，倡导喜事新办、丧事简办，大力推动农村移风易俗活动。自 2009 年以来，全村通过“道德评议”化解邻里纠纷、土地承包、夫妻矛盾、子女赡养、无理上访等矛盾 20 余次。

三是志愿服务日常化。积极打造新时代文明实践站，深入开展新时代

文明实践志愿服务活动，开展垃圾分类、环境整治、走访慰问等志愿服务活动，用“志愿红”凝聚文明乡风，用新风尚助力乡村振兴。洪溪村党委坚持以暖心服务提升基层组织力，全力打造党群干群关系最融洽村。深化“网格连心、组团服务”工作，创新推行“双编双定双亮”做法，实施党员联户“每月五小事”制度，做好宣讲上级政策、指导重点工作、代办群众事项、协调各类矛盾、收集意见建议。2020年，依托“红色E家园”载体，处置各类社情民意200余件。创新实施的“红色E家园”微信平台在中组部《党员教育通讯》上予以宣传报道。始终恪守为民服务的初心，常态化开展助老暖心服务。无论是重症病人，还是普通老人，都会感受到村党委送去的关怀。针对困难群众，第一时间送去救助金，并适时安排公益性岗位。洪溪村党委的点滴关怀不仅让村民感受到温暖，更让小乡村情暖温馨。十余年来，洪溪村不断向村民释放“暖意”，针对村里的困难群众，村干部会及时送去救助金、安排公益性岗位，为他们“遮风挡雨”，面对老人在节日、生日村里会赠送蛋糕、举办生日宴，为他们送去关爱。

（三）以践行远聚合力，汇聚乡村振兴动能

一是村务公决，发挥“自治力”。洪溪村走的是还权于民、还治于民的乡村善治之路。早在2004年，洪溪村便开始探索村民参与民主管理的新模式，推行重大村务决策公决制，真正变“为民做主”为“由民做主”。2012年又创新推出了重大村务决策公决“八步工作法”，即公决事项的酝酿—公决事项的论证—提出公决草案—合法性审查—完善公决方案—组织村务公决—决议的实施及监督—实施结果公开，“公议公决”的制度要求凡是村里涉及村民利益的重大事项，村民先民主讨论，再投票表决。表决时，每家“户代表”攥着一张票，只有大部分人签字同意了，事项才能通过实施。无论是道路修筑，还是环境整治，村级重大工程，统一实行村务公决、公开招投标，并请村监会全程参与、监督，既保证工程质量，又增强村级组织的公信力。洪溪村重大村务公议公决成功入选“中国全面小康十大民生决策”。

二是群事群议，放大“朋友圈”。依托红茶坊、党员先锋站建设，融合人员、场地支撑力量，采购网络直播设备，创新打造“民情直播间”。“线上”群众对村社治理的疑问进行“面对面”咨询，对于群众重点关注

的热点问题提到“线下”，采用党员代表会议、村民代表会议、小社会议等形式开展讨论，解决最基层的“民生微实事”。

三是挂牌亮户，激发“荣誉感”。对每家每户进行挂牌“亮身份”，以荣誉评比的形式，形成互相竞争、比拼赶超的浓厚氛围。同时，结合全村家风家训征集活动，将村民的家风家训，在家门口、围墙外“亮”出来，培育文明家庭新风尚，以好家风带动好乡风；针对每日垃圾分类情况，对正确分类家庭贴小红花，激发村民参与垃圾分类投放的积极性，形成“美丽乡村文明宜居”新风尚；对“五户评创”获奖家庭通过村内6个户外大屏进行轮流展播，通过文艺节目形式搬上舞台，大大增强了村民“荣誉感”。通过挂牌亮户“面子”的激励，实现了乡风文明“里子”的提升。

二、乡风文明助力乡村振兴的启示

如今的洪溪村是一个富裕、幸福的和谐村，已经成为治理有效的样本。洪溪村的发展成就，体现了村两委班子坚持以人民为中心的发展思想，坚持发展为了人民、发展依靠人民、发展成果由人民共享，生动诠释了党的根本宗旨。以人民为中心的发展思想是群众路线的坚持和创新，人民群众是社会实践的主体，相信群众、依靠群众、为了群众，正是洪溪村成功最有效的法宝，值得借鉴。

（一）坚守发展为了人民的社会治理理念

在发展中虽然不能齐步走，但是一定都要往前走，村两委班子干部与群众接触最直接最密切，村两委班子的责任就是要凝聚人心，根本目标就是为人民群众谋求利益和提供服务。具体工作中就要切实做到真情关心群众疾苦，把人民群众的安危冷暖时刻挂在心上，努力挖掘每个村民身上的闪光点，坚持幸福路上一个也不能少。村干部一心为民的思想深深感动了村民，也使村民共享着发展成果获得实惠。

（二）坚守发展依靠人民的社会治理参与机制

要形成“党委领导、政府负责、社会协同、公众参与、法治保障”的社会治理体制，乡村社会治理的公众参与就是指村民成为治理的主体，共同参与村务实现村民自治。从村规民约的制订，公共事务的决策、管理、监督，主动表达自己的需求和建议，客观评价村干部工作实际效果等。上面千条线，下面一根针。村两委班子承担的事务纷繁复杂，尤其是违章建筑的拆除、公共建设用地的征迁等，都是涉及群众利益的大事。但是洪溪村的村民在这些看似复杂难做的大事面前总能快速完成，而且不留后遗症。原因就是村干部和村民一条心，让村民都自觉地充当监督员，把积极性和主动性发挥出来，真正建构起村民自我管理、自我教育、自我监督、自我服务的乡村治理方式，走出一条依靠村民共建共享的和谐社会治理之路。

（三）坚守自治、法治、德治相结合的善治模式

心贴心、心连心的自治模式确实效果很显著。同时，村干部也明显感觉农村社会治理也必须在法治的轨道上进行，法律成为洪溪村干部的必修课。村干部法治思维也逐渐引导着村民用法律去思考和解决问题，法治意识逐渐增强。德治是一项长期的工作，洪溪村通过发展群众性文化体育活动，潜移默化塑造村民村风村貌，真正起到花小钱办大事的效应。

仁岸村：厚植生态发展出成效

缙云县舒洪镇仁岸村坐落在缙云县国家5A级风景区——仙都景区东南方的括苍山麓中，依山傍水，风光秀丽。村域面积9.9平方千米，距县城8千米，省道坦五公路、兰舒公路穿村而过，交通便利。该村积极践行“绿水青山就是金山银山”理念，立足本村的山地资源丰富、良好气候优势，大力推进五水共治、发展区域特色优质农业，充分释放绿水青山的经济价值，形成集农业观光、康养休闲、度假休养、采摘体验为一体的生态休闲旅游地，打造美丽生态、美丽经济、美丽生活有机融合的乐游仁岸未来乡村，逐步走出了一条生态美、产业绿、百姓富的绿色生态发展之路，在绿色生态发展的道路上越走越宽。

一、乡村建设的特色做法

仁岸村围绕未来乡村试点要求，着力打造美丽生态、美丽经济、美丽生活的“三美”有机融合，不断丰富和平衡发展生态产业与生态环境之间的关系，着力推动生态产品价值转化，将“生态优势”转化为“经济优势”，走出一条绿色发展、生态富民之路。

（一）护水兴水，激活一江春水

盘溪、贞溪、章溪三溪汇交于仁岸村，水质好、河道美。因此，仁岸村把“水”作为生态经济重要资源，在治水护水的基础上活水兴水、以水兴景。一是全面治水。仁岸村先从清理溪流沿岸的建筑垃圾和生活垃圾入手，高标准规划水利风景区，对盘溪、章溪河道整治，拆除鸡鸭棚、关闭沙场，清淤疏浚河道，完善水利基础设施，建设生态防洪堤。二是提升靓水。仁岸村通过修建自动翻水坝，打造一条水质达到Ⅰ类水的天然游泳河道。同时，对滨水节点绿化，加强水景观改造，提升滨水空间形象。三是改革活水。仁岸村通过积极推行河权改革，发展水经济，不仅全面承办龙舟、游泳、垂钓等水上运动项目，发展赛事经济，更做起了水上岸边游乐项目的文章，建起了水上娱乐、自行车骑行等娱乐设施，实现了以水兴业，以水富农。

（二）找地用地，换取一片绿地

仁岸村利用村内闲置荒地创新推广“以地换木”模式，不仅大大提高了村庄绿化覆盖率，更建立了村企联动创新机制，实现了村集体增收。具体来说，仁岸村将村集体所有的河边、路边、山脚边的300多亩土地统一打包，无偿提供给缺乏土地资源的苗木种植公司，村集体对其苗木进行计价，并和苗木种植公司签订购买合同，如果两年后村集体有资金，村集体可以按刚种植时的价格把林木购回。如果仁岸村集体没有资金购回，两年后苗木种植公司可以自己出售，但不用支付土地租金。仁岸村创新的“以地换木”绿化模式和村企联动的共建模式，走出了市场化村庄绿化的新路子，既解决了村集体启动资金问题，更盘活了村里的生态绿地资源，实现了生态效益、经济效益双丰收。

（三）靠山兴山，转化一座金山

仁岸村以其独特的地理位置和绝佳的小气候环境，出产的东魁杨梅荣获“浙江最甜杨梅”称号，杨梅产业也成为仁岸村村民增收致富的高效生态主导产业。一是数字赋能，保障杨梅种得好。仁岸村搭建智慧瞭望台，实现对杨梅山精准环境监测，杨梅基地通过化肥减施、病虫害绿色防控、疏花疏果等关键技术，推广测土配方施肥、商品有机肥示范，配套灌溉管网、排水沟，建立复合生态系统，实现杨梅基地生态涵养，进一步提升了杨梅品质，创东魁杨梅“甜度之最”，获得浙江省农业吉尼斯杨梅擂台赛金奖。二是组织赋能，保障杨梅管得好。仁岸村将生态杨梅产业联合发展列入村规民约，提高村民对发展和保护杨梅产业重要性的认识。在各家各户发展杨梅种植的基础上，以家庭农场、合作社、村集体等为核心，坚持村集体规范管理，实现了仁岸村杨梅产业的规模化、规范化、品质化发展。三是电商赋能，保障杨梅卖得好。仁岸村每年举办杨梅节，并以“直播＋助农＋电商”的模式，将仁岸杨梅打造成网红地标产品，形成“一村一品”生态产业发展模式。目前全村已建立杨梅基地 4 500 亩，仅杨梅一项就为农民增收 5 000 多万元，为村民带来超过 2.3 万元的人均收入，实现一颗红果子带富一方百姓。

二、取得的主要成效

仁岸村通过未来乡村试点建设，既打好“优势牌”，又吃好“生态饭”，实现了“生态美”和“共同富”，真正让仁岸村的“绿水青山”变成了老百姓的“金山银山”。

（一）坚持生态立村，让村庄绿起来

得益于对绿水青山的充分保护，目前该村的森林覆盖率达到 93%，年度环境空气质量优良率为 90%以上，空气负氧离子年平均值达到 2 000 个/立方厘米以上，声环境质量达到Ⅰ类标准，是一个会“深呼吸”的村庄。据初步核算，仁岸村全年的 GEP 值达到 2.56 亿元。穿村而过长达十多千米的盘溪成为蜿蜒盘曲的“十里画廊”。2020 年，仁岸村以良好的生态环境吸引了缙云县历史上投资额最大的农旅项目——2.1 亿元的大佑山农旅融合项目。

（二）坚持产业富民，让口袋鼓起来

2021 年，全村实现农业总产值 1.2 亿元。实现村集体收入 152 万元，村民人均收入超 3.5 万元，户均存款超 50 万元的占比 70%，全年接待游客 2 万余人次，实现农家乐旅游收入 50 余万元，仁岸村民在家门口就能实现就业和增收。仁岸杨梅产业帮扶促共富、龙舟赛事等曾在央视进行报道。

（三）坚持示范引领，让品牌响起来

近年来，仁岸村先后获得全国改善农村人居环境示范村、全国第一批绿色村庄、中国美丽休闲乡村、全国第十批“一村一品”示范村、省美丽乡村特色精品村、省美丽河湖、省休闲旅游示范村、浙江十大特色体验地、省首批 3A 景区村庄等 30 余项国家级、省级荣誉，成为“三美”融合、“五养”协同的明星样板村和远近闻名的“共富村”。

三、经验启示

仁爱村立足山区实际，走生态发展之路，把生态优势转化为发展优势，实现了村集体经济发展和村民收入同比增长，对加快发展山区县的乡村振兴是有借鉴意义的。

（一）必须保持战略定力，形成践行“绿水青山就是金山银山”理念的组织领导优势

仁岸村有一支政治强、本领高、作风硬、敢担当的干部队伍，在乡村振兴中发挥先锋模范作用，始终抱有久久为功、一张蓝图绘到底的战略情怀，真正为老百姓负责。比如在区域优势特色产业的酝酿和选择上，仁岸村班子做到把群众当主人，通过广泛的调研走访，倾听百姓的想法意见，最终确定将杨梅作为村重点发展产业，既符合生态环境发展规律，又突出产业场景的打造，助推 GDP 和 GEP 双增长。

（二）必须着力发展美丽经济，形成践行“绿水青山就是金山银山”理念的生态经济优势

仁岸村坚持探索创新，着力推动生态环境优势转化为经济发展优势，创造条件把“美丽环境”转化为“美丽经济”，大力发展生态农业、旅游业，让百姓过上“美丽生活”。比如大力发展水旅经济，同时又以水旅经济激活水资源，优化水生态，形成水资源开发、利用、保护与经济协调发展的良好局面。

（三）必须坚持有实际的投入，形成践行“绿水青山就是金山银山”理念的资金保障优势

保护、治理、建设、美化生态环境，实现“绿水青山”与“金山银山”的双向转化，要有建设项目、工程、技术的保障，更要有财政和社会资金的支撑。近年来，仁岸村引进了一系列绿色农业、农旅融合等项目，如大佑云天农旅项目、彩虹湾沙滩艺术乐园等，对环境进行整体规划和开发，既促进生态环境的保护，又壮大了村集体经济。

临安区：农村文化礼堂谱写新风尚

文化是民族的血脉，是人民的精神家园。党的十九大提出实施乡村振兴战略。乡村振兴离不开文化振兴，而文化振兴又是乡村振兴中容易被忽视而又不可忽视的重要组成部分。在乡村统筹治理的大背景下，面对农村基本公共服务水平较低、文化生活相对匮乏、精神文明建设滞后的现实，如何创新载体，促进农村文化繁荣、乡风文明，提升农村人居软环境、农民生活品质，成为各级党委、政府战略思考的重要内容。2012 年，杭州市临安区依据客观需求、政策背景，结合自身发展经验，率先开展农村精神文明建设，于板桥镇上田村建成第一家文化礼堂，得到了村民的欢迎，也得到了各级政府和有关部门的肯定并在全省推广。实践证明，农村文化礼堂逐步在县域、全省焕发出满足群众精神文化需求，实现“精神富有”的强大生命力，牢牢巩固本土文化、传统文化，加强村民向心力和归属感，助推乡村振兴。

一、农村文化礼堂建设的实践

临安文化礼堂主要建设思路可概括为“两堂五廊”。两堂即用于操办村民集会、红白喜事等各类集体活动的礼堂，以及开展政策宣讲、主题教育、知识学习、技能培训的学堂。五廊：一为介绍本村的历史沿革、文化古迹的村史廊；二为陈列村训、家训、族训和家谱、族谱的民风廊；三为宣传本村体现社会主义核心价值观的各个榜样的励志廊；四为展示本村各项事业取得的成就廊；五为陈列本村文学艺术作品以及展示本村非物质文化遗产的艺术廊。以“两堂五廊”为基础，以一月一主题系列活动形式展开，以规划、示范、提升为重点，以智力、财力、队伍为支撑，“政府主导、村为主体、社会参与、多方保障”的文化礼堂创建模式，有力助推农村文化礼堂建设。

（一）供——内容多

作为丰富群众精神文化生活的重要抓手，农村文化礼堂的首要功能便是举办文化活动。除举办“天目放歌 红色礼赞”等文艺晚会和各类培训外，临安牢牢把握爱国主义和党史学习教育要求，在全区农村文化礼堂策划开展“百堂展演进礼堂”“农村文化礼堂运动会”“文明宣传进礼堂”等系列活动，满足全年龄段村民的全方位精神文化需要。同时，通过制订文化、服务、培训“三进礼堂”你点我送服务菜单，全区多家单位推出提供政策宣讲、文艺演出、法律援助、医疗健康、实用技术培训等多项内容服务菜单，供基层群众点选。但是传统农村文化礼堂经常面临着缺乏文化人才的窘境，为此临安近年来推出了“文化管家”模式。通过面向社会公开征集文化管家团队，组织评审会，形成临安区“文化管家”团队库。以专业团队组织文化礼堂的文化活动开展，使文化礼堂的文化活动长年不断，形式更为多样，质量与时俱进，有效地实现了文化礼堂文化输出的可持续性与有效性，为文化输出重新赋能。

（二）育——内涵丰

发展农村精神文化，传统纸质书籍是更符合农村的选择也是必不可缺的重要一环。“礼堂书香”让农家书屋找到了最为合适的位置，能开阔视野、品读文化。书籍是人类进步的阶梯，更是村民与传统文化、先进文化接触的重要窗口。板桥镇上田村、清凉峰镇白果村、湍口镇三联村、龙岗镇新溪新村等地文化礼堂都建设了属于本村的“礼堂书香”。村民茶余饭后阅读书籍，提升科学文化与精神素养，这是临安进行新农村建设、实现文化振兴的一个重要缩影。静以图书，动以健身。临安文化礼堂内同样不乏各类健身活动，除了固定的传统健身房外，拔河、瑜伽、腰鼓、球类等各类集健身与文化传播于一体的文娱活动也以文化礼堂为媒介不断走进村民的日常生活。这些或由“文化管家”等专业队伍精心准备，或由村民自发组织的各类健身形式，在提升村民身体素质的同时也丰富其精神世界。

（三）管——用法升

临安将传统本土产业与文化礼堂有机结合。以湍口镇三联村为例，礼堂紧密结合了当地非物质文化遗产——三联索面。作为展示农村传统文化的窗口，三联村将索面文化作为本村文化礼堂的一个重要品牌，展示索面的制作过程、发展历史以及产业现状等。其礼堂在“两堂”的基础上更是增设索面馆、电子商务馆、索面工坊、民俗文化园等特色场地。在功能上，三联村设立了民俗文化体验区与特色风味品尝区。这些同索面文化息息相关的特别设计，让往来旅客更为沉浸地体验传统文化、本土文化的韵味与内涵。能“富脑袋”，也能“富口袋”。结合生态环境、风土人情和历史文化，农村文化礼堂结缘乡村旅游。通过政府、村民、市场三力结合，文化礼堂的建设、管理和使用得以良性发展。在清凉峰镇杨溪村，“忠孝学堂”旅游产品聚人气，集财力；锦南街道横岭村则依托文化礼堂与优越生态，赢得了“江南慢生活第一村”的美名；潜川镇“秀美潜川”文化礼堂旅游节的举办，大大丰富了文化礼堂的功能。通过构建“文化礼堂＋”产业链实现文旅结合，以文化礼堂高质量建设推动村庄景点、民宿、农产品销售多产业串联，大力拉动乡村经济发展。

二、农村文化礼堂建设取得的成效

作为乡村文明建设的排头兵，2020 年底，临安已实现全区 270 个行政村农村文化礼堂全覆盖。现已成功创建浙江省五星级文化礼堂 24 个，杭州市四星级文化礼堂 31 个。在红色精神引领下，在数字化改革牵引下，临安积极探索推进农村文化礼堂与新时代文明实践融合走向“2.0”时代，助推内容供给不断向“实”，村社风貌不断向“新”，建设成效不断向“好”。

（一）内容供给不断向“实”

在“文化管家”的持续推进下，礼堂文化活动的提供不断实现精准化、多样化。截至 2021 年底，已开展各类文化活动 10 929 余场次，真正实现聚民、惠民、育民，使文化切实浸润百姓心田。作为群众共享的精神家园，农村文化礼堂以其场地宽敞、位置便利、有序整洁的特质，为群众生活提供众多便利，实现“建管用育融”一体化成效。在疫情形势仍然严峻复杂之时，文化礼堂成为疫情防控重要阵地，便于设施搭建的宽敞空间，利于高效管理的志愿服务，大力助推核酸采样工作，成功打通核酸检测“最后一公里”。在秋收农忙时分，处于空置阶段的文化礼堂成为晒谷好去处，不仅提高空间利用率，更是对农耕文明的珍重与守候。在灾害突发之际，文化礼堂则摇身变作应急避灾安置点，为群众提供到位贴心的生活保障。在医疗资源下基层方面，文化礼堂为义诊活动的开展提供便利平台，满足群众健康需求，实现健康服务“零距离”惠民生。同时，乡村会客厅、文化展示厅、农家书屋、健身场地等建设充分破解文化礼堂功能不丰富、布局不合理，特色不鲜明、体验感不强等问题，真正实现以民为主，不断向“实”。

（二）村社风貌不断向“新”

在“倡文明树新风”移风易俗新风工作的推进下，乡风文明在临安不断实现。在宣传工作推进下，多措并举遏制陋习，婚事新办，丧事从俭，营造绿色文明祭扫环境。少铺张，少浪费，形成崇尚勤俭节约之风，推进美丽乡村建设。同时，文化礼堂育家风活动有力塑造、培育农村优秀传统文化，使社会主义核心价值观在基层蔚然成风。“好家风”建设先后入选全国“宣传工作创新百例”“培育和践行核心价值观百家经验”“第三届浙江省宣传思想文化工作创新奖”，取得斐然成绩，由“盆景”到“风景”，临安经验向全省推广。在挖掘本土文化，深耕历史传统下，“一村一品牌”口号不断打响，上田村毛笔、青柯村鸟笼、花戏村越剧脸谱等专属标记的根植，大大增强村民对于本村文化的认同感与归属感。继承传统，发掘本土，易俗移风，使村社风貌不断向“新”。

（三）建设成效不断向“好”

“大门常开，群众爱来”。“文化管家”落实十项工作，使文化礼堂活动常态、内容常新，实现盘活人气，凝聚人心。2021 年，针对群众需求，各“文化管家”团队充分挖掘各村文化特色，改编本土节目 121 个，共开展各类培训 2 934 课时，服务群众 2.1 万余人，覆盖村民达 26.98 万人，为临安在“后文化礼堂”时代实现“五常”目标，打开了一扇大门。同时，“文化礼堂＋”产业链的建设发展，点亮礼堂经济，助力乡村文旅。在首批浙江省农村文化礼堂“我们的村礼”中，昌化百家印和岛石山核桃在405个申报项目中脱颖而出，以独具特色的文创非遗和农产品讲好乡村故事、礼堂故事、“村礼”故事，以文化铸魂赋能乡村振兴。此外，在数字化改革浪潮的奔涌下，临安积极争取全省农村文化礼堂数字化智慧平台试用工作，成为全省2个，杭州地区唯一一个参与系统试用的区县（市），以数字大脑助推建设成效不断向“好”。

三、推进农村文化礼堂发展的思考

要推进乡村振兴，实现共同富裕，农村文化建设必须不遗余力地抓紧抓好，而农村文化礼堂是丰富农村文化的重要形式并被实践证明是行之有效的。但农村文化礼堂建设是基础，文化礼堂的功能发挥才是关键。各地必须结合实际和经济社会发展的新形势，与时俱进，不断丰富农村文化礼堂的功能，推动农村文化发展，建设好“物质富裕，精神富有”的新农村。

（一）要以群众作定位，内容供给多补充

群众是农村文化礼堂的直接享受者，是文化活动内容的热情供给者，是基层精神文明的忠实建设者。在农村精神文明建设中，只有百姓是不竭力量之源，要以百姓作定位，一切为了百姓，一切依靠百姓，才能真正使农村文化礼堂“活起来”。首先，作为“文化地标、精神家园”的文化礼堂，所推进的文化活动应体现惠民利民乐民的本质，教学性、礼仪性、娱乐性活动提供缺一不可，上至耄耋老人，下至垂髫儿童，各年龄段群众的精神文明需要均应重视，实现数量全覆盖，质量高标准的良好局面。接下来，应继续以“文化管家”为抓手，加强礼堂队伍人才建设，以群众声音为首位，以政府购买高质量服务，让优秀文化“下沉”基层，以专业化精准化服务满足群众真实需要，从而提升群众满意度与参与感，真正实现送文艺、种文化、育文明。其次，在“文化育人”层面，农村文化礼堂应加强职业技能培训，范围包括竹笋、山核桃等农产品种植业，索面、高山馒头等农产品手工业，民宿运营、电子商务等服务业，以增强农民致富创收本领，做好做实“育人”工作，助力实现乡村振兴与共同富裕。

（二）要以特色来立足，用途内涵再丰富

农村文化礼堂，“堂”是本质，即乡村共享空间。作为乡村文化的活化载体，整合各类地方文化资源，继承传统文明要素，农村文化礼堂必然成为地方特质的表达方式。结合地理条件与人文因素，因地制宜，突出重点，兼顾现代与传统，以“一村一品”建设的推进大力弘扬村庄文化特色，在提升村庄形象的同时增强村民自信与村庄归属感，以浓厚的文化氛围熏陶培育群众，实现“掘根育人”。根植本土特色，文化礼堂用途、内涵实现再丰富。“文化礼堂＋”产业链要进一步构建完善，以礼堂经济大力赋能文旅产业。围绕乡村振兴与共同富裕，“文化＋旅游”的发展模式，要贯穿文化特色与生态优势，成就乡村旅游内涵新高度。此外，以服务群众为主旨，农村文化礼堂的用途不能仅限于“文化”，以及由“文化”衍生而来的“经济”，任何立足于百姓立场的活动都可以在此共享空间开展，如农业、医疗、防灾、避险等，在不影响文化事业平稳发展之下，使空置时期的文化礼堂“全方位服务群众”，提升空间利用率，回应百姓合理关切。农村文化礼堂建设要以特色立足，定位百姓，不断有序健康推进。

（三）要以文明为目标，数字化改革出新高

农村文化礼堂，“礼”是基础，文明是关键。必须坚定不移推进“倡文明树新风”移风易俗扩面工作，推进新时代文明实践建设，以“硬约束”规范恶习陋习，制定详密章程，从而提升村民素养，涵养文明风尚，厚植精神根基，使乡风文明蔚然蓬勃。在“后文化礼堂”阶段，以数字化改革贯穿设计初期、运行中期、评价后期全过程，在内容供给、阵地建设、管理运维多方面实现精准、科学、规范赋能，助推农民精神富裕。以多媒体、5G 等技术手段升级文化礼堂服务，开展线上线下全方位供给，构建文化礼堂建设、使用、培育、传播、评价等全生命周期管理体系，激活文化礼堂内生动力，由“输血”转向“造血”，让乡村振兴工作有“质”更有“智”。

（四）要以运维为抓手，长效运行来聚焦

文化传播需要基础设施的保证，精神传递需要传播媒介的助力。部分

文化礼堂存在相关设备维护不及时，展示区域信息二维码过期无效等问题。乡村精神文明阵地建设绝非“面子工程”“政绩工程”，建设健全农村文化礼堂长效运行机制是当务之急。建设初期，文化礼堂的固定资产投资是一笔不菲的开销；建设后期，相关资产定期维护的费用支出也同样需要重视。建设合理的资金管理制度以及资产管理体系，健全完善考核激励制度，以常态长效运行机制激发农村文化礼堂内生动力、发展活力。文化输出是日日更新，时时不同，而非一朝一夕，落实日常管理制度，要以运维为重要抓手，是不可忽视的重要议题。

诸暨市：农房流转助推乡村振兴

共同富裕是社会主义的本质要求，是中国式现代化的重要特征。促进共同富裕，最繁重最艰巨的任务仍然在农村。而农房是农村发展的重要资源，同时也是农民的基本生活资料和重要财产。伴随城镇化进程加快，农村人口流失，我国农村农房面临大量闲置问题。闲置农房的激活，有利于提高村民和村集体的收入，同时吸引社会资本进入农村，提高就业率，推动产业振兴，为乡村振兴和未来乡村建设提供有力支撑。

2018年，中央1号文件明确提出“完善农民闲置宅基地和闲置农房政策，探索宅基地‘三权分置’，适度放活宅基地和农民房屋使用权。”绍兴诸暨市作为农村宅基地制度改革试点地区，坚持稳慎推进、“三权分置”、农民主体、问题导向和分类指导的基本原则，在依法维护农民宅基地合法权益和严格规范宅基地管理的基础上，探索盘活利用闲置农房的有效途径和政策措施。截至2020年底，全市累计激活闲置农房2 438幢，建筑面积79.14万平方米，吸纳社会资本14.1亿元，增加农户收入11 429万元，增加村集体收入6 634万元。

一、农房流转的主要做法

党的十九大提出实施乡村振兴战略后，诸暨市在“闲置农房、闲置土地、闲置农民”这一农村存在的“房地人”新三农问题上积极探索新路径，寻找新方法。以闲置农房作为突破点，把这些影响村容村貌的“沉睡的老屋”中蕴含的宝藏一一取出，最终提炼成以村民、企业、乡贤为主体，依托环境、产业、文化优势激活闲置农房。

（一）绿色共富，文旅助力农房改造

诸暨市在2021年开始实施《诸暨市文化产业发展“十四五”规划》，

计划在2025年建设集生态康养、时尚休闲、文化研学等功能于一体的由观光向休闲体验转型的西施文化旅游集聚地、长三角美丽体验首选地、长三角健康休闲文化旅游目的地。目前正在努力推动珍珠小镇、草塔文化小镇、历史文化村落保护利用等项目的建设，在旅游业迅猛发展的同时，那些沉睡的农房也逐渐苏醒过来。各项目依托自然风貌、贴合当地文化，充分利用闲置土地、农村闲置房屋等乡村旅游资源。在保护好自然的基础上，让闲置农房变成民宿、博物馆，让埋藏在农房中的故事再次焕发光芒。做好农房流转、挖掘农房文化，文旅将会是助力农房流转的重要支柱。

（二）品牌效应，品牌与农房共进退

诸暨市同山镇拥有特色酒产业“同山烧”，诸暨市政府便紧紧围绕“同山烧产业深度融合集成创新示范建设项目”高质量推进同山烧产业蓬勃发展。利用好“同山烧”建立的品牌效益，吸引看好“同山烧”前景的投资者租借闲置农房来建设“同山烧”酒厂，从而解决农房闲置的问题。设立酒厂在一定程度上缓解了就业问题。并且在解决农房闲置问题的同时，同山烧产业也得到了发展，同山烧的酿造方法更加优良、酿造过程更加规范，使其品质逐渐提升，让同山烧这个品牌逐步拥有“走出诸暨，冲出浙江”的底蕴。农房流转与特色产业结缘，可相互促进，共同发展，助力乡村振兴。

（三）创新方式，三方共促农房流转

诸暨市探索实施以村民、企业、乡贤为主体，依托环境、产业、文化优势，激活闲置农房，唤醒农村“沉睡”资产，走出了激活闲置农房的“诸暨路径”。农村要繁荣，要实现振兴，就要实施战略，从而完成“产业、人才、文化、生态、组织”五大振兴。这些振兴要有条件、有舞台、有基础。而诸暨闲置农房流转就是为乡村振兴提供舞台，在完成乡村振兴的同时，促进农村闲置资源的利用。通过吸引村民、企业、乡贤三方助力来跨出乡村振兴的第一步，在三方取得成绩后会进一步加强三方投资的欲望，以此促进农房流转，进一步助力乡村振兴。此外，村委也在利用闲置农房建设利民设施，既满足群众生活所需，又改善了村庄环境，还给村集

体带来稳定收入，取得了“一举三得”的良好成效。

（四）人才引领，贯穿农房流转始终

闲置农房的发展制约在人才、希望也在人才，人才是打好农房流转这一攻坚克难战的先决条件。政策的构思离不开人才，资金的引进需要人才，方案的推进靠的是人才，企业的筛选同样离不开人才。乡村基层干部是乡村的领头人，是带路人，是守护者，在激活农房流转中起着关键作用；乡贤是乡村人力资源的重要组成部分，在盘活乡村闲置农房进程中也起着重要作用；致富能手是佐证闲置农房可行性的先行者，是拥有无限可能的强大生力军，走在村民前列，发挥着模范带头作用。

（五）“农房银行”，创新农房利用方式

住房资源的合理利用是乡村振兴不可或缺的一环，通过盘活闲置的住房资产，并探索新型农村住房使用模式，可以促进农民致富、村庄繁荣发展。为使这种长期“沉睡”的资源“活”过来，诸暨市政府制定了《关于开展农村闲置农房激活工作的实施意见》，对符合国家农业产业政策和社会发展计划的项目予以支持。对已投入资金 2 000 万元以上、成块活化空闲农房（地）面积 1 万平方米以上的重大建设项目，将采取“一事一议”，优先安排配套。诸暨市全方位精准摸排各种资源，摸清闲置农民住房、团体用房资源家底，构建闲置资源信息库，为闲置农房活化提供更多“诸暨经验”。

（六）产权改革，破除农房激活障碍

诸暨市积极深化农村产权制度改革，探索宅基地有偿退出、闲置农房（宅基地）流转交易、宅基地及房屋租赁使用权与抵押登记发证、集体经营性建设用地管理等方面的实现途径，破解阻碍闲置农房盘活利用的制度障碍，进一步理顺闲置农房激活通道。开展“赋权”和“活权”工作，依托农村产权制度改革成果，推进农村产业融合发展，培育农村新产业新业态，确保改革工作和农房流转取得实效。

二、农房流转取得的成效

自 2018 年诸暨市颁布《关于开展农村闲置农房激活工作的实施意见》以来，诸暨市聚焦农村闲置农房，不断吸引社会资本从而让原有闲置的破旧农房摇身一变成为产出经济利益的"活水"，更进一步带动农民就业、增加村集体收入、促进人才回流，加快形成城乡资源、要素双向流动的体制机制。

（一）激活农房在增加

2018 年，在诸暨市政府初步摸排下，全市累计激活农民有意愿流转的闲置农房 795 幢。经过诸暨市政府的大力推广，村民进行农房流转的意愿不断增长，2019 年，全市累计激活闲置农房 1 744 幢；2020 年，全市累计激活闲置农房 2 438 幢，建筑面积达 79.14 万平方米；2021 年，全市累计激活闲置农房 2 954 幢。住房是农民的最大资产，也是最大的闲置资产。随着政策的不断完善与革新，闲置农房将产生更强大的乘数效应，助力乡村振兴。

（二）社会资本在吸收

通过闲置农房的盘活，吸引社会资本参与美丽乡村建设，促进产业发展和农民增收。枫桥镇新择湖村下西湖自然村，通过招商引资，吸引社会资本进入农村，联合知名品牌，共同开发村里闲置资源。在征得村民同意的情况下，整村 50 余户总面积 2 万平方米的连片闲置农房统一出租给新店湾乡村俱乐部有限公司。公司与北京燕海九州旅游股份有限公司合作，打造民宿、有机农业、户外拓展、民间传统工艺传承的休闲旅游综合体项目。该项目租用闲置农房达 15 年，将为村民创收租金 100 多万元。在外部企业的投资下，村里的闲置农房快速改造升级，成为完善的创意文旅基地，大力推动了乡村旅游的发展，古老的村子焕发出新的活力。从 2018 年吸收社会资本 5.85 亿元到 2021 年吸收社会资本 18.82 亿元，诸暨市通过数额巨大的外界资本改造农村，将闲置农房的"死水"变为创造收益的"活水"。

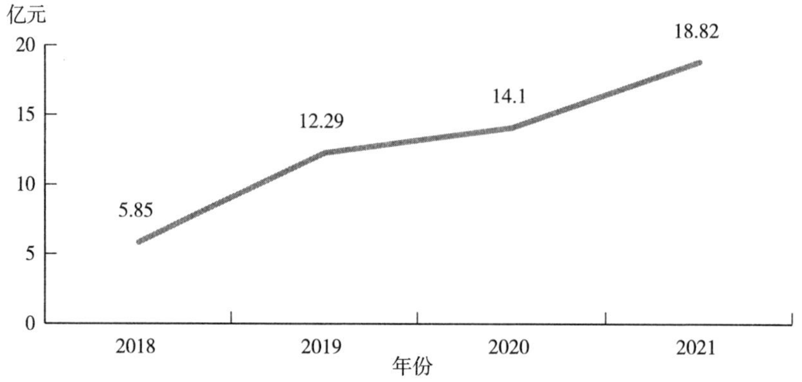

诸暨市累计吸引社会资本量

（三）村民收入在增加

一方面，村民可以将手中的闲置农房出租，扩大收入来源，创造额外收益，将闲置农房“变废为宝”；另一方面，村民也可以通过租用村集体闲置农房的方式开办企业，整合农村资源，创造致富门路。应店街镇崇柱村，在当地村民联合考察并申请后，由村民集资500万元成立紫云香生态农业开发有限公司，以10万元/年的价格向村里租用8幢总面积800平方米的闲置农房和180亩林地、72亩耕地，期限10年，建成集农家乐、民宿、种植、养殖、生态观光为一体的休闲旅游综合体，解决就业岗位10余个，还带动了土特产销售。村民依托当地优美自然风景和农业优势，抓住乡村振兴机遇，通过集资的方式盘活闲置农房，既令农业向产业化、机械化发展，又扩宽增收渠道，让村民的钱包鼓起来，环境好起来。

（四）特色产业在发展

通过出租闲置农房为当地特色产业发展提供足够空间，特色产业又反哺当地经济发展，增加村集体收入，实现双向互助的有利循环。同山镇借助当地的特色白酒同山烧产业，围绕深化全产业链建设，以产业推动当地闲置农房激活，科学规划，带动本地高粱品种复壮扩面，扶持酒企做强做大做升级，引导酿酒小作坊做精做美做特色。同山镇越壮酒坊前身为唐仁村维新学校，占地面积550平方米，在完成翻新精修后，摇身一变成为结合生产销售和文化体验的同山烧非遗传承酒作坊。越庄酒坊通过承租闲置农房的方式投资同山烧产业，将原先荒废的空房改造成存有历史韵味的酒作坊，不仅促进了同山烧产业的蓬勃发展，更用独特的方式将老房子保留了下来，传承了历史。这个集生产、体验、休闲、科普、销售于一体的同山烧非遗古法酿造体验酒庄，为村庄创收 120 余万元。酒作坊红火的生意，不仅吸纳着村里的富余劳动力，还带动了周边七八十户农户以同样的标准做酒，加速了同山烧产业向着规范化、品牌化迈进。

（五）绿色文旅在进步

在“绿水青山就是金山银山”理念的指导下，越来越多的村庄注重保护环境、利用环境，将农村恬静悠闲的绿色画卷和特色文化相结合，作为发展旅游业的基点。同时，通过农房流转为文化产业进步提供必要的场所，将当地的特色文化保护并传承下来。闲置农房也被用于开办民宿、农家乐等第三产业，拓宽农民创业增收渠道，提供就业机会，增加村集体经济收入。例如，2020 年同山镇唐仁古村面积 331.18 平方米的闲置农房被诸暨越庄文化发展有限公司高价竞得，开办起了集民宿与文化展厅于一体的越庄书院精品民俗，并且不定期举办与酒文化相关的各类书画、美术、国学讲座、文化沙龙等，成为推广古法同山烧文化的全新载体。

（六）人才作用在加强

诸暨市计划立足当地资源优势和主导产业，由乡镇统筹，依托“闲置农房激活计划”，将农村闲置的村集体房屋、校舍、企业厂房、农户住房等，改造建设或新型现代化乡村人才创业园，无偿或低价为人才创业提供场地，或作为资源入股，实现村级经济与人才创业的双赢。

三、农房流转的启发

诸暨市的农房流转实践为广大农村地区提供了宝贵的经验和方法。闲置农房流转无疑可以为农村吸引资本投入，增加村民和村集体收入，是实现乡村振兴的可靠途经。但由于各地发展情况、自然环境等因素不同，不能一概而论，只有立足实际才能找到适合当地的农房流转之路，推动乡村振兴和共同富裕。

（一）规划先行、系统谋划是关键

闲置农房激活要与小城镇环境综合治理、美丽乡村示范创建、深化农村产权制度改革有机结合，系统谋划，整体协同推进。要遵循“规划、设计、建设”规范，与村落布点规划、村庄建设规划、土地利用规划相匹配。要遵守消防、防洪、防雷、抗震、防地质灾害等各类安全规定，注重绿色生态，符合环保要求，保护和传承好村落传统文化、乡土本色，不能以破坏村庄自然资源特色为代价。

（二）富民强村、激发活力是核心

闲置农房激活要充分尊重农民群众的主体意愿，从农民群众利益出发，千方百计增加农民收入，不搞“一刀切”强行推进。要与村集体经济发展充分结合、相互促进，使农户、村集体、社会投资者多方共赢。要以盘活闲置农房为突破口，探索农房、农地“三权分置”，鼓励各类人才利用闲置农房创业，带动农村资源资产流转，促进农业规模经营，鼓励发展民宿、康养等乡村新产业新业态，增强农村内生动力。

（三）机制创新、完善政策是动力

闲置农房激活要按照“集体所有、同权同价、流转顺畅”的要求，积极寻求入市主体、入市范围和途径、市场交易规则、增值收益分配等政策支持。要建立健全闲置农房的修缮、改造有关审批政策，探索建立建设用地增减挂钩机制，实行收储及流转政策扶持。要探索村集体按农房占地面积向承租方适当收取集体土地使用费制度，增加村集体收入。要鼓励金融机构为创新创业主体提供融资、授信、增信服务，为行政村“整村批量授信”，加快农村贷款审批效率，提高农村信贷获得率。

（四）规范有序、优化服务是保障

闲置农房激活要科学制定负面清单，对市场准入、规划编制、建筑设计、景观设施、租赁流转、重建改建、用途管制、使用管理等，实行清单式管理。通过建立全市农房出租平台，为农房出租提供信息。引入律师事务所和公证处的法律服务，保护双方权益，推进闲置农房依法规范流转。

要对实施闲置农房激活的农户、企业、合作社等主体，实行跟踪服务及管理。要加强安全生产管理，建立矛盾纠纷调处机制，注重保护农民利益和社会资本合法权益。

（五）技术提升、文化发展是创新

随着现代信息技术的发展，文化产品的生产越来越依赖于技术。虚拟技术、人工智能、物联网、区块链等技术应用到文化领域，促成了文化产品的颠覆性改变和文化产业的转型升级、脱胎换骨。依靠现代技术改造文化产业，让“旧文化”在新时代发光发财。文化创造的源头本来就是活生生的社会实践。人民大众当仁不让是社会文化创造的主体。以大众的视角来宣传文化、介绍景点，以互联网为载体，宣传诸暨文化，打造诸暨文旅招牌，以此促进农房改造，让文化助力农房流转，推进乡村振兴。

（六）吸引人才、留住人才是重点

闲置农房焕发生机，关键是要发挥人的主观能动性，不断总结经验，积极探索农房改造新路径，利用农房发展各类新兴产业，充分挖掘诸暨发展潜力。以人才为重要抓手，把优秀人才派下去，把村里人才招回来，把乡土人才育出来，把外地人才引进来，做好“引育留”工作，着力打造人才集聚高地，让人才在当地就业创业，把人才优势转化为产业优势和经济优势，发挥新时代人才队伍建设的作用，推进农房流转持续高质量发展。

第八篇

财政政策与乡村振兴

龙游县：一事一议财政奖补支持打造共富村

高质量发展建设共同富裕，农村是基础，产业是关键。结合浙江省财政厅“高质量发展建设共同富裕示范区奋进年”行动部署，按照一事一议财政奖补支持打造共富村有关要求，龙游县选定小南海镇双潭、团石、红船头、汀塘圩和翠光岩等五个村为试点，经过近一年的集中建设，五个试点村的农村产业有了明显发展，村集体经济有了显著增强，村民的收入有了较大提高，探索出“五活”创“五新”共富村建设模式，总结出一套可复制可推广的精准创富经验模式，对高质量发展共同富裕有较好的启发。

一、打造共富村的做法

龙游县在共富村建设过程中，自始至终贯彻一个“活”字，活政策、活资产、活项目、活资源、活治理，全方位激发农业增效、农村增美、农民增富的内生动力，有效拓宽村集体和农民增收渠道，铺就了一条联村共富之路。

（一）用活奖补政策，营造政策引领共富氛围

通过进一步优化、完善一事一议财政奖补政策，强化政策迭代、协同与集成效应，引导村集体和农民投入到共富村建设之中，形成了共建共富的良好氛围。一是建立资金多元投入新机制。在不加重农民负担的情况下，建立多方投入的新机制，加大与其他项目资金的统筹力度，例如和发展壮大村集体经济项目资金统筹使用，发展特色产业项目，带动村集体经济的发展。同时，适当拓宽财政奖补范围，提升奖补资金使用效率，从主要面向公益性的基础设施项目类型逐渐转变为农村公益事业建设与村级集体经济发展相辅相成的创收性项目上，以增强村集体造血功能。村级集体

经济发展项目比例适当提高到15%～20%。二是灵活确定财政奖补资金比例。强调财政奖补资金的集聚和撬动效应，根据资源禀赋、筹资筹劳能力、项目类型、项目工程量等实际情况，合理调整财政奖补资金核定的办法和比例，既调动了试点村项目建设的积极性，也实现了合理分配、精准奖补。共富村试点2 000万元省补资金中，1 000万元用于5个共富村入股花菇产业园项目，年收益达180余万元。

（二）盘活农村资产，夯实自主保障共富基础

农村的土地、集体用房等是保障农民获得财产性收益的物质基础，盘活这些优质资产是丰富农村业态、保障农民增收的有效途径。一是创新“耕地管家”流转模式。即农户将新垦耕地“打包”流转给县国资公司，再由县国资公司统一发包流转给专业种粮大户进行集中管护经营。截至目前，龙游通过“耕地管家”，累计流转发包耕地2 000亩以上，每年增加村集体经营性收入达20万元以上，农民租金收益100余万元，村民在土地流转后每年可享受亩均400多元的“流转红利”。同时，引入专业种植主体统一经营流转土地与新垦耕地管护，不断提高新垦耕地质量，夯实现代农业发展基础，实现农民、企业、集体、政府四方共赢。二是打造“飞地抱团”共富平台。把“飞地经济”“物业经济”作为推动乡村振兴、发展壮大村集体经济的重要支撑，由5个试点村共同出资500万元，选址小南海镇集镇所在地茶圩里村，回购商业用房1 000平方米，房屋产权属5个村委会共同所有，其产生的经营性收益或资产性收益按照产权占比分配，项目预计带动5个村年均稳定增收3万元以上。

（三）育活龙头项目，构建稳健持续共富渠道

依托共富村试点项目，引进龙头引领型项目，推进以工促农、以旅补农，引导本地农民创新创业、就业增收，开辟出一条稳健的共富渠道。一是首创“花菇爷”共富模式。建设花菇产业园，将其打造成为“强村”“提低”“扩中”等多引擎于一体共富龙头。在“强村”方面，5个共富试点村以每村200万元（总计1 000万元）共同投资花菇共富产业园，其中140万元投资建设一个花菇大棚（一村一棚），60万元投资参股菌棒厂，以此获得租金收益与二次分红。在“提低”方面，产业园为周边村庄低保

低边户提供 300 余个工作岗位；鼓励低保低边户将积蓄、土地、厂房等资产资源投资参股，最多可实现“一人三金”（即土地流转金、股份金、就业金）。在“扩中”方面，有投资意愿的农户可以出资建设大棚或以土地、厂房等资产资源参股获得收益及分红。项目建成后，预计户均增收 4 万～6 万元，村集体年均增收 20 余万元。二是提升古街景区带动周边共富。依托团石古街改造修缮项目，引进电商、小吃、直播、文创等业态，发展团石夜经济吸引更多游客前来游玩，带动团石村及周边村庄联动发展，打造成为龙游乡村旅游一张新名片“团石村的夜”。2022 年夏，团石古街成功举办“迷辣滨水音乐会”等主题活动，吸引游客约 20 万人次，拉动消费约 1 200 万元。

（四）激活生态资源，打造多元融合共富产业

依托衢江水系优越的生态资源，引入兰花、水果等产业，培育休闲、观光、体验、研学等业态，构建多元业态共富新格局。一是借景兴业拓宽共富渠道。依托衢江水系优质生态资源，小南海镇引进国际兰花博览园项目，以游船观光、水上飞人、水上摩托艇等水上运动为切入点，扩展兰花种植、博览等业态，形成“农业＋旅游”的融合型乡村产业主平台。2022 年夏，龙游湖·日月滩·骏和水上运动乐园共吸引游客 8 000 多人次，拉动消费 140 余万元。二是培育特色水果产业。团石村依托“两江走廊”诗画风光带建设和山海协作项目，积极引智引资，招引多位乡贤回乡发展水果观光、采摘项目，带动村民创业增收。截至目前，建成水果番茄种植大棚 20 个，培育出 6 个番茄新品种，亩产达 3 000 斤左右，综合亩均效益 4 万元以上。

（五）智活基层治理，构建和谐和美共富生态

以数字化改革为契机，进一步推进乡村治理体系现代化，打造养老、党建等多个数字化应用场景，稳步推进共富共享数字赋能。一是“数字红船”平稳起航。为打造数字乡村样板，红船头村搭建“数字红船”基层治理工作站，内设办事服务大厅、综合调处中心、安全教育中心、矛盾调处中心、信访接待中心、心理咨询中心、会商研判中心等功能模块，建立起“隐患纠纷上报—龙游通智慧警码接派单—红船义警化解隐患纠纷”的服

务闭环工作机制，推进农村公共服务和基层治理数字化。截至目前，工作站线上服务受理率达到20%，极大提升了村民办事的便捷程度。二是"数字养老"先行示范。小南海镇依托数字养老服务中心无障碍设施及智能化服务终端安装，嵌入云护理、云诊室、云餐厅等功能，并推出一系列特色远程护理、诊疗项目，制订一整套云服务套餐，把业务向外拓展，把模式深度提升，同时针对养老服务中心47位老人需求制定相应个性化服务，依托线上+线下一体化的服务运营管理模式织密老人"服务网"，形成了地方特色的养老模式。

二、推进共富村建设的经验启示

龙游打造共富村的"五活"举措，在引导农民参与、促进农民增收、提升农民发展等方面取得了显著成效，走出了一条农民抱团增收、农村联合创富的"五新"路子。

（一）通过用活政策，畅通群众参与新通道

打造共富村，农民参与是基本前提。应始终坚持以人民为中心的发展理念，充分尊重民意，保障农民的知情权、参与权、决策权和监督权，做到谋划项目群众同意、建设项目群众参与、运营项目群众满意，充分发挥村级组织的自主作用，全面调动村集体和村民的主动性、积极性。

（二）通过盘活资产，建立联村共富新机制

打造共富村，抱团发展是内在要求。应以资产为纽带，引导村村抱团，探索"飞地、飞房"等强村富民发展模式，发挥各村比较优势，锻长板、补短板，实现优势互补、产业共融，突破单个村"单打独斗"面临的资金、资源、区位等瓶颈，实现联村共富。

（三）通过育活项目，构建强村富民新平台

打造共富村，搭建平台是必要手段。应以项目为依托，建立具备一定规模的代表性产业平台，引导农民借助该平台，以托管、入股、自主经营等多种方式创业就业，不断提升平台在引领农民创富增收方面的核心作

用。农民不但能够获得稳定的工资性收入和土地流转、房屋租金等财产性收入，还将获得可观的经营性收入。

（四）通过激活资源，培育创新创业新业态

打造共富村，业态培育是关键环节。应充分挖掘地方农业、生态、文化资源，整合资金、土地、人才各要素，以现代农业为基底，以统筹生产、生态、生活“三生融合”为方向，拓展产业链、提升价值链，不断培育新产业新业态，让融合度高、串联度强、价值度显著的产业成为强村富民的强力支撑。

（五）通过智活治理，优化共建共享新途径

打造共富村，成果共享是最终目标。应以建设数字乡村为契机，加快构建以智慧医疗、智慧养老、智慧服务等为核心的智慧型社会综合治理体系，加快数字化场景在共富村建设过程中的集成应用，提升乡村治理数字化水平。

平湖市：数字赋能财政支农上台阶

按照数字赋能和精准施策的要求，近年来，平湖财政一以贯之地坚持“财为政服务”理念，聚焦农业农村领域数字化改革，以变革型思维创新创优支农方式，集中财力支持农业科技发展，强化数字赋能，提高财政支农效益，激发乡村发展活力，共赢“智农”富农未来。

一、财政支农数字化改革的主要做法

（一）挥准两级指挥棒，绘好智农发展底图

1. 本级政策导向突出“智”，靶向发力精准施策

平湖市出台32条以数字技术为基础的彰显平湖特色的高质量产业化发展政策（2020—2022年），年安排资金4 000万元，将政策导向由普惠支持向绿色生态、产业融合、科技创新等方向调整，重点支持数字农业、新品种研发、产学研合作等带有“智慧”特色的项目，提升农业科技化水平。截至2022年8月底，已建成省级高品质绿色科技示范基地2个、种养基地数字化改造49家，与浙江省农科院、上海市农科院合作项目38项；建设“全程机械化+综合农事”的农机综合服务中心1家、高标准农艺农机融合示范基地2个，安装北斗农机管家464台；水稻耕种收综合机械化率90.8%；全市72家农资门店全部实现人脸识别，实名制销售。

2. 资金管理突出“优”，强化规范与绩效

支持环节有保有压，区别土建与智能提升环节的补助力度，同一竞争类项目在按单个投资不超50%的补助总额控制的基础上，土建环节补助比例可压至30%，在智能感知、分析、控制等环节的设备与技术投入等重点支持环节可提高至80%。结算环节有依有据，考虑到数字化项目难以核准投资，我们创新采用事前评估的方式，邀请专家、政数办、多

个产业主体等进行多方论证，避免造成事后评估主体与审价方意见不一。

3. 省级项目注重“统”，最大限度发挥资金整合绩效

统筹衔接好省级项目，统筹省市乡镇三级财政资金，集中财力绘好“智农”底图，着好“富农”色。以省级乡村振兴类项目为例，2019 年，平湖市以项目为契机，总投入 2.06 亿元，撬动社会资本 8 026 万元，构建金平湖“1+1+N”数字乡村“大脑”，即 1 个数字乡村大脑、1 个典型区域应用平台以及 N 个特色应用。截至目前，项目投资已全部完成，90%的子项目均已完成审计。成功完成 2 047 项数据目录入库、27 张图层入库等主要指标，数据存量已达到 2.56 亿条，建立了全市统一的“三农”数据资源标准规范和数据资源目录，建成了平湖数字乡村体验馆，汇集浙江省首个农业经济开发区辖区内的地、空、产业、主体的所有信息。数字化改造规模种养基地 6 家，数字工厂 4 家，“浙农码”赋码量 7.6 万次，列入省“浙农优品”应用试点。在此基础之上，2021 年依托集成创新示范建设项目，在“智农”底图上继续深化，从“智农”到“富农”，聚焦粮食主导产业，加速推进从育秧、田间管理、烘干、加工、仓储，到销售展示等全产业链条的数字化改革，项目不仅探索了基于数字化基础上的多元化利益共享的富民机制，也加速了无人化农业科技成果的示范和转化，引导智慧农业设施、农机在粮食主导产业的集成应用。截至目前，项目完成超 70%。项目完成后，预计可新增村集体及农户资产近 7 000 余万元。2021 年，平湖市又成功争取省级数字农田项目 1 个，总投资 4 000 万元，进一步夯实农业“双强”基础。2021 年，平湖市农业增速 3.5%，增加值 16.94 亿元，其中新增数字农业、高附加值农产品种植等涉农投资 5.2 亿元，农村人均可支配收入增速 10.1%。

（二）迭代场景助推器，展望“富农”前景

1. 特色场景突出利农惠农

平湖市财政聚焦政府决策端和主体应用端需求，与主管部门齐发力。围绕保障粮食安全，开发“浙农补”应用场景。打通浙江省乡镇公共财政服务平台，实现种粮信息一张图、农户“一键申领”、补助资金“一键直达”，补助资金发放时间平均从一个月缩短到一周。目前已发放粮食类项

目8个，涉及资金8 481.9万元，惠及农户1.6万户。聚焦智慧乡村治理，开发“善治宝”应用场景。用数字手段实现了“股份分红＋善治积分”的新型乡村治理模式，配套支持地方财政补助资金1 600万元，精准精细推动整体智治，与“浙农码”对接，“一户一码”，与积分挂钩实现农户三色行为预警。同时与村民可享受的金融服务、商超优惠直接联系，平均授信额度达19.53万元，利率可优惠至3.85％，最高授信额度可达50万元。“善治宝”应用已在所有行政村全面推广、覆盖农户家庭6.8万户，占全市近90％。同时，对善治积分高和进位快的前十位的村集体予以财政补助，进一步推动场景应用。立足农资生态管理，开发“肥药两制”应用场景。投资1 399.4万元，打通农资销售、农产品质量安全、农药废弃包装物回收等系统数据，实现农资“销售—使用—回收”闭环管理，全市72家农资门店全部实现实名销售、动态监管、实时服务。该应用场景已迭代升级为“浙农服”，在全省供销系统范围内推广。目前，线上订单数5.18万笔，销售金额4 800余万元。突出精准产销对接，开发“本家鲜”应用场景。在满足中小主体电商销售需求的同时，也为政府精准获取农产品销售信息提供抓手。2021年，平湖市农产品线上销售5.6亿元，直接帮助农户节约时间成本30％以上，销售溢价20％以上。“粮食生产中农机全程数字化应用”和“智能病虫害监测系统集成应用”入选全国数字农业农村新技术新产品新模式优秀案例，“浙农补”“善治宝”荣获全省农业农村数字化改革首批优秀应用。

2. 场景迭代展望未来方向

继续迭代“浙农补”特色应用场景，完成“一地一码”开发，构建未来农场、水稻绿色生长、农业面源污染治理、粮食补贴动态调整机制等模型，展望以大数据为基础的未来农业科学管理和财政支农方向。

3. 持续创新把握共富主题

与主管部门共同创新开发以先富带后富，村富带民富为目的的“抱团富”应用场景，充分发挥新出台的强村富民政策引导作用，将粮食产业发展、农业“双强”和冷链仓储建设等多项目和场景融合落地，激发村集体在共同富裕中的能动性和带动性作用，促进村、民共享抱团发展。其中“飞地报团”“农房盘活”等子场景列入全省农业农村系统第一批“先行先试”应用场景。

（三）用好金融加速器，共探数字化协同新路径

1. 高效推进改革试点，提速数字赋能成效

2022 年平湖市被列为省财政金融协同数字化改革试点、省基层政策性农业信贷担保服务创新试点和高质量发展建设共同富裕示范区“小切口”改革省级试点。市财政局出台了财政金融协同数字化改革方案、基层政策性信贷担保服务创新实施方案等，建立了工作专班和省市互通的协同推进群，召开线上线下贯通会议 3 次。截至 2022 年 8 月，全市所有涉农政策全部在“浙里担”平湖版块发布；已成功贯通数字乡村大脑粮食类主体数据库 1.9 万户，渔业类主体 343 家，正在谋划与平湖本地的“浙农服”数据贯通；配套出台了利率优惠、贴息、手续费补助、业务激励等扶持政策，预计撬动资金达 1 亿元。目前，省市协同、政银担合作、县市数据贯通共推的财金协同数字化改革框架基本构建，配套政策出台以后，仅 20 天时间，向通过省农担及合作银行推荐白名单企业已有 12 家主体新获融资担保，已授信 20 个村集体 6 000 万元。

2. 加大线上线下农业保险支持力度，发挥金融杠杆作用

为进一步扩大平湖市“三农”有效投资的同时防范化解多方风险，平湖市在新设农机具保险、务农人员保险、土地流转保证金履约保险等地方特色险种基础上，同步开展“浙农险”应用试点工作，保险扶持资金由 600 余万元增至 2022 年的 1 100 万元，力争运用金融科技手段进一步撬动资本进入，共建共赢“智农”富农未来。

二、进一步完善财政支农数字化改革的思考

平湖市财政支农数字化改革取得了初步成效，提高了财政支农资金的使用效果，但离财政支农数字化改革的要求还有很长的距离，下一步平湖市将擦亮“数智农业”的金平片，沿着智农富农的发展路径，进一步发挥财政支农效益，迭代农业最强大脑，打造“农业硅谷、农创高地”。

（一）多跨场景应用全领域拓展

依托平湖市未来乡村、未来社区建设，加快乡村 5G 基站建设，推动

5G网络与泛在感知、万物互联等物联网技术融合应用。围绕农业产业、乡村建设、农民共富三大领域，加大乡村数字新基建建设和乡村数据资源管理，构建“大脑+应用”基本框架，将数字化多跨场景应用扩展到农业高质高效、乡村宜居宜业、农民富裕富足全领域，彰显乡村服务数字化特色。

（二）特色应用持续深化

继续优化具有高频率、高权重、高辨识度特征的“浙农补”“善治宝”“肥药两制”等应用场景；做好以大数据平台为基础与“浙里担”贯通的财金协同支农数字化改革试点工作。积极发挥财政政策作用，引导本地农户和居民高频次使用应用场景，在更好地为农服务、为民服务的同时获取更多的数据资源，结合未来农场基地建设，做好模型开发与应用，真正由准现代农业向现代农业、科技农业发展。

建德市：打造生态宜居的乡村振兴模式

近年来，建德市借助得天独厚的资源优势、农业基础，切实发挥好财政资金“四两拨千斤”的作用，做大共富基础、做实共富单元、做细共富保障，努力打造一批具有建德辨识度的共同富裕标志性成果，在“两个先行”新征程中不断绘就“宜居建德”乡村新美景。2021 年全市村级集体经济总收入达到 3.3 亿元，经营性收入达 1.6 亿元，同比分别增长 17.8％和 19.5％；农村居民人均可支配收入达到 33 807 元，同比增长 9.9％。

一、生态宜居乡村振兴的实践

（一）厚植“共富土壤”，建好美丽经济“创富”路

以全域土地综合整治及高标准农田建设为抓手，紧紧围绕草莓“标准地”创新建设，持续深化“扩中提低”改革，加快村集体经济发展，助力乡村产业转型，带动农民就业增收。

1. 聚力抱团发展，共富示范带串珠成链

成立“稻乡小镇”等 4 个“片区大党委”，试点打造乾潭安仁、十里寿昌江等共富联合体，加速推动大同、青润农业等 8 个区块 3 760 亩草莓“标准地”建设计划，有序推进区块内耕地连片流转，并形成草莓“标准地”布局图和项目库。项目建成后每年可增加租金收益 1 500 万元、莓农收入 1.2 亿元，增加就业 1 000 人以上。大同镇“西乡草莓园”标准地项目，集中连片流转土地 213 亩，发展草莓产业，亩均效益突破 6 万元。每年市本级统筹整合资金 1.8 亿元扶持优势农业产业发展，构建政府主导、国企主建、镇村主管、市场主体主营的产业利益共同体。同时积极发展集农业科技、农产品生产加工、农业研学基地为一体的农文旅产业，落实草莓产业植物工厂示范园建设，加快推进农业休闲观光旅游等一二三产业融合发展。2021 年以来，“建德草莓”全产业链产值突破 40 亿元。

2. 聚力人才招引，共富内生力持续迸发

实施“两进两回”工程，出台《建德市农创客创业创新扶持政策实施细则》，打造“青雁归巢”人才招引计划，每年安排不少于300万元的扶持资金，吸引青年农创客返乡创新创业，目前全市共培育农创客1 791人。农创客通过机械化草莓种植技术、统一品牌包装、电商销售等新路径，提升销售价格50%以上、利润30%以上。出台《“建德草莓师傅”人才品牌培育实施方案》，并形成具有建德特色“草莓师傅”培训模式。截至目前全市拥有“建德草莓师傅”证书的莓农达5 730人，拥有“高级草莓师傅”的莓农达906人，人均年收入已超10万元，“扩中提低”效果显著。坚持科企融合，在草莓“标准地”建立研学基地、浙江省博士后工作站等，加大草莓种苗核心技术攻关，增强草莓产业发展后劲。2021年推出草莓品种“建德红”，在草莓“标准地”试验推广，亩均收益翻一番。

（二）聚焦“共富单元”，念好美丽乡村“育富”经

聚焦“一统三化九场景”建设内容，下涯镇之江村成功冠名浙江省首批未来乡村，率先打造出建德市共同富裕现代化基本单元标志性成果，并以点扩面，带动全市乡村共富共享共发展。

1. 坚持“项目为王”，培育富民产业

围绕现代农业园区、特色农业强镇等产业平台，加大项目招引力度，谋划建设各类产业项目68个，新增投资10亿元以上。打好“标准地改革+农业双强”组合拳，启动建设蛋鸡养殖生态园，同步推进茶叶、中药材等9条亿元产业链发展。结合“链组党建”培育计划，积极打造农文旅融合发展产业，立足乾潭安仁、十里寿昌江、千鹤一红等共富联合体，全力争取全省强村富民乡村集成改革实践试点。

2. 强化数字赋能，激发发展动能

坚持“一地创新、全市共享”，以之江村未来乡村数字化应用场景为模板，全面建成1个乡村小脑，系统推进10个数字乡村样板镇村建设。迭代升级“建村钉”“数智草莓”场景，开发推广“钉·功分”等特色应用，全面承接“浙农系列”数字化应用落地，建成数字产业大脑1个、数字农业工厂2个，全面推进数字技术在乡村服务、乡村生活、乡村治理等领域的应用。

3. 坚持共建共享，提升服务效能

完善社会、农民和市场多方参与的建设模式，引进和培育一批“职业经理人”“乡村运营师”等团队，探索“国资公司＋强村公司＋运营团队＋旅行社”的运营机制，广泛吸引社会各界力量投身未来乡村。推进基础设施和基本公共服务提标提质，推进智慧医疗室、智治中心、养老服务中心“一室两中心”建设；推广建设未来乡村生活馆，打造15分钟生活圈、医疗圈、健身圈、养老圈，推进事务共办、阵地共用、多元共治、资源共享，构建全龄友好型乡村。

（三）着墨“共富山水”，画好美丽环境“享富”图

实施全域幸福河湖建设，打造共同富裕示范区水利样板，良好的“水生态”不断转化为“水经济”，成为建德老百姓的幸福之源。

1. 打造幸福河湖样板

实施独流入海工程、梅城大坝加固工程、新安江综合保护工程等，加固三江堤防38.9千米。以新安江—富春江山水组成的休闲度假带为主轴，新安江大坝、城防工程、三江堤防、梅城大坝等水利工程相串联，江滨公园、双江特色街、洋安公园、黄饶半岛等主题节点相互交织，形成了独具江南特色的“山水画廊、清凉世界、梦幻新安”。完成新安江综合保护工程、新安江大城区慢行系统二、三期工程，实施三江治理提升改造工程，沿新安江大坝到桐庐滨水绿道全线贯通，串成一条完整的靓丽风景线。

2. 建设省级美丽河湖水美乡镇

深入开展“一河一景一品一韵”景观亮色工程，大力改善河湖生态环境，并将美丽河湖建设与乡村振兴、文明城市创建工作紧密结合，努力创建全域“省级美丽河湖”。通过构建安全可靠的防洪减灾网、绿色健康的生态水网、规范高效的河湖管护网、人水和谐的幸福亲水圈等“三网一圈”，建成可赏可游的家乡河风情线，大幅度提高居民亲水宜居满意度。2021年建成后源溪和梅城古镇两湖一带水系24.6千米省级美丽河湖，2021—2022年，共建设水美乡镇10个。

3. 提升河湖管护能力

以浙江省水管理平台为统领，在2020年完成水管理平台试点基础上完善智慧河道管理平台。整合水利数据资源，初步实现水利数据共享服

务；通过“一图、一库、一平台”的建设，结合河道管理和河长制实际特点，形成河道网格化管理体系；同时融合受理、管理、监督、考核四个机制，建立统一的推动河湖大数据运用与管理，强化“智慧管水”“智慧治水”的河湖管理基础。

二、推进生态宜居乡村振兴的思考

（一）加强统筹谋划，进一步优化财政支农投入供给

聚焦农业“双强”、乡村建设、农民共富“三大行动”，进一步迭代优化新一轮集中财力办大事财政政策体系，着力推进政策集成、资金集聚、项目集中，归并、整合支持方向、扶持对象，突出粮食安全、稳进提质、强村富民等关键领域，推行“大专项＋任务清单”的管理模式，系统重塑“大三农”政策资金扶持方向和支出结构，推动各项强农惠农富农政策落实落地。按照渠道不乱、用途不变、集中投入、各负其责、各记其功、形成合力的原则，结合涉农工作任务，统筹安排各类功能互补、用途衔接的涉农资金，最大限度地凝聚政策、资金和管理资源，形成合力，切实提高涉农资金的使用效益。

（二）立足高质高效，加快推进乡村产业重塑发展

坚持生态优先、绿色发展、质量兴农，把产业发展作为乡村振兴的基础任务。集中力量紧盯建德草莓这一优势拳头产业，打造全市农民共同富裕最坚实的普惠产业，着重在规模产量、产品品质、销售渠道及品牌影响力上做文章。深化产业平台扩面发展，持续抓好“一镇一业”地域特色产业平台培育，在现有镇域产业平台基础上，对标国家级、省级打造更多有影响力的发展平台，全面提升种养业规模化、规范化水平。鼓励引导村级集体经济组织盘活集体资产资源和村民手中的闲置资产及土地资源，牵头发展新产业新业态，拓宽集体经济增收途径，带动村民就业创业。

（三）着力系统集成，打好“数字化改革＋强村富民”组合拳

围绕现代农业园区、特色农业强镇等产业平台，加快推进土地连片流

转、农业集约经验经营和项目有效投资，推广“产业大脑＋未来农场”模式。在开发应用“数智草莓”的基础上，在粮油、畜牧、茶叶等产业复制推广，以“产业大脑＋数字化工厂”推进全市产业数字化应用，确保在全省数字乡村试点县创建中交出高分答卷。

常山县：财金企联动赋能“两山合作社”

如何化解农村金融的短板，是乡村振兴不可或缺、也是共同富裕的关键所在。近年来，常山县财政局借助“政策激励、国企引领、财金协同”等优势，坚定不移践行“绿水青山就是金山银山”理念，积极探索“两山”转化通道与生态价值实现机制，加快推动“资源—资产—资本”转化进程。截至2022年6月底，财金企联动背景下的县中小企业担保有限公司携手“两山合作社”已累计为县域215家“三农”主体提供了38 935万元增量贷款担保，带动新增就业岗位190个，新增利税2 975万元。

一、“两山合作社”模式的主要做法

（一）政策发力，优化资源配置，筑牢发展“基本盘”

打造完善生态价值实现机制是一项系统性、综合性工程。为更大力度推进工作，常山财政部门进一步强化财政政策与区域政策、土地政策、金融政策等政策间配合，形成同向发力的叠加效应。

1. 资金全周期“奖补”

在资源收储上突出分级分类，将“两山合作社”收储的资源资产分为登记类、存储类、收储类和招商类，分级分类给予最高500万元财政奖补。在企业运营上突出帮扶作用，将“两山合作社”运营的公益类、准公益类项目分别按照五年期LPR的100%、50%进行贴息奖补。在成果转化上突出转化实效，按照“拨改投”形式对企业从事生态资源相关经营，实效生态转化的给予最高100万元运营奖补。

2. 资本全领域“撬动”

为更好发挥出财政资金“四两拨千斤”效果，有序引导金融资本和社会资本进农村，对合作金融机构按年化月均贷款余额的1.8%给予一次性财政补助，要求贷款年利率按银行同期 LPR，上限不超过 4.85%。对县中小企业融资担保机构按“三农”项目担保月均余额的 1.2%给予一次性财政奖补，将融资担保机构收费年化标准控制在 1%以下。2021 年，县财政累计兑现奖补资金 597 万元，撬动 1.79 亿元金融资本，带动 6 亿元社会资本进农村。

3. 产业全链条“培育”

以胡柚、香柚、山茶油为代表的“两柚一茶”是常山县标志性产业，2021 年全年总产值 30 亿元。为加快构建现代农业产业体系，县财政借助“两山合作社”生态资源价值转换平台，从土地流转开发、零散果（茶）园集中流转经营、一二三产业融合、产业链延链补链等方面助推“两柚一茶”全链条产业资源转化。截至目前累计转化油茶资源总量 12 亿元，双柚资源总量 50 亿元。

（二）农担引领，形成多元联盟，打开转化“新通道”

生态资源可持续变现，市场化运作是关键。在“两山合作社”改革实践中，农投集团、省农担常山办事处、中小企业融资担保有限公司、金融公司等国有企业牵头成立“两山合作社”产业运营联盟，促进生态资源与优质社会资本无缝对接，打通资源变资产、资产变资金、资金变资本的循环通道。

1. 做实“创新试点”，形成共富模式

为破解生态资本“抵押难”“变现难”，社会资本“不能投”“不敢投”老问题，县中小企业融资担保有限公司联合“两山合作社”打出生态融资担保“组合拳”。“两山合作社”增信赋能在前，通过承诺收购、转让返租等方式，为难确权、难抵押的生态资源增信。省农担、中小企业融资担保在后，成功打通生态产品融资贷款堵点、难点。自 2020 年常山县被纳入全省农担“10+1”基层政策性农业信贷担保服务创新试点县并承担省农担常山办事处职能以来，经过一年多与邮储银行常山县支行、常山农商行的磨合，进入紧密型互动双促良好模式，业务量增长态势强劲。截至 2022 年 6 月底，省农担“浙里担·新农贷”项目贷款担保业务达 183 家 185 笔 15 433.5 万元，“三农”主体增长了 13.66%，较好满足了县域实体经济和“三农”主体在后疫情时期的增量贷款需求。同时，通过与县

“两山合作社”的合作，有效构建了农村低效资源高效转化的便捷通道，形成了共富新模式。2021年，常山县城乡居民收入比为1.73：1，持续保持在全省前列；全体居民收入增长12.8%，增速排名全市第三；低收入农户收入增长16.4%，位列山区26县第四。

2. 推出“特色信贷”，破解融资难题

“两山合作社”聚焦完善生态产品价值实现机制，搭乘基层政策性农业信贷担保服务创新试点政策东风，瞄准“两柚一茶”、常山奇石等特色产业，推出特色信贷产品，为难确权、难抵押的生态资源增信，做大做强乡村振兴支柱产业。截至2022年6月，县“两山合作社”推出胡柚贷、石头贷等17类产品，与13家金融机构互动，让原本融资难的411家经营主体获得生态贷款2.25亿元。2021年旺旺家庭农场通过“生态贷”低息贷款260万元，及时补齐资金链，当年度实现山茶油产量突破20万斤，营收1 200多万元，成为当地农户茶籽的重要收购大户，有效带动周边茶农致富。

3. 开展“风险共担”，加大增信力度

一方面，为防范多重风险，县中小企业融资担保有限公司与省农担按1：1比例出资成立风险补偿资金池，20倍放大担保合作业务上限规模，为农业主体提供低息贷款；另一方面，将参与共建责任共担机制作为金融机构开展“两山合作社”项目的必要条件，发生代偿风险时，由合作银行、风险池资金、省农担、中小企业担保有限公司按照20%：30%：25%：25%比例承担损失。截至2022年6月，风险池已注入2 000万元资金，可为农业经营主体提供4亿元低息贷款。省农担常山办事处依托农担总对总合作优势，借助省农担大数据风险排查系统的强大功能，快速提高办事处在具体业务拓展中的风险防控能力，在“风险池”设立、资金补充、风险分担、代偿启动等方面均有规范的流程设计，可操作性强。尤其是“风险池”资金补充（省、县共同持续投入3年）的政策支持，最大程度地调动和激发了县域合作金融机构支持“三农”、加大放贷的热忱，银担合作进入最佳期。增量贷款增势强劲，“浙里担·新农贷”项目已成为公司增量贷款的主要构成部分。同时，持续加大对“两柚一茶”主体的融资增信力度，扶持贫困村消薄项目，加大对村级经济主体的融资增信服务，使办事处在县域金融支农中发挥了重要的融资平台作用，对县域“三农”融资环境的持续优化和乡村振兴、产业支撑起到重要的推动作用。

（三）基金运作，扩大有效投资，托起山区“共富梦”

为加快打造“两山合作社”生态文明建设标志性成果，县里成立了“两山合作社”发展基金，加强运作，发挥倍加效应。

1. 制度先行，构建基金运作管理体系

为理顺运作体系，强化“两山”基金管理，财政部门先后出台各类产业基金管理制度4个，并印发《常山县“两山合作社”投资引导基金管理办法（试行）》，建立起财政指导下的基金运作管理制度体系，通过规范政府产业基金管理制度，夯实投资运作机制，加强投资风险把控，将政府产业基金的政策引导作用和专业公司市场化管理能力相结合，形成合力，进一步提高产业基金运作规范程度和运作效率。

2. 资本集成，集中财力做大基金体量

为发挥“两山合作社”更大效用，放大政府产业基金及金融资本杠杆作用，县产业投资引导基金联合县国熙股权投资有限公司、县农村投资集团按照1∶2∶2比例一期出资5 000万元成立“两山合作社”基金，按照市场化方式运作，鼓励和引导社会资本、金融资本投向“两山”金融相关项目。

3. 整装待发，瞄定目标走好共富之路

目前“两山”基金资金已筹集到位，下一步将采用阶段参股、跟进投资及直接股权投资等方式，遵循高质量绿色发展的战略方向，重点支持两山转化生态产业集群发展，加快推进产业和资本融合，推动更多优质项目落地常山。截至2022年6月，已谋划“两柚一茶”、共富果园等投资清单20余项。

二、“两山合作社”模式的主要成效

（一）统一收储，化解资源“碎片化”痛点

在“两山合作社”成立之前，县内生态资源的价值转化，大都以单个主体、单块果园、单幢民房等“低小散”模式的转化为主，难以形成规模优势。“两山合作社”成立后，制订标准，对资源进行集中统一模式的收

储。资源进入“两山合作社”后，平台通过整合连片、配套升级，使其更具规模优势和可开发利用价值。目前已收储闲置资源 2.4 万亩，收储价值 17.98 亿元，累计交易转化资源总量 1.05 亿元。如“两山合作社”对辉埠镇后社片区污染矿地进行收储，对污染地块进行修复。经过两年多的努力，矿山遗址公园成功蝶变成为远近闻名的网红打卡地。截至目前，矿山遗址公园累计吸引游客 10 万余人，带动村集体增收近 100 万元。

（二）特色运营，破解资源“低效化”难点

“两山合作社”根据生态资源所在区位、资源特色、开发强度，分类进行包装策划，形成招商文本并精准对接社会资金，提升闲置低效资源价值。如招贤镇、青石镇是以胡柚为主要产业的传统农业镇，但许多农业项目效益不高。“两山合作社”在 2 个乡镇流转万亩闲置或低效农业用地，引进亿利生态、岭南水务等上市公司，建设香柚湾、胡柚小镇等田园综合体，延伸胡柚产业链，打造胡柚主题产业融合示范园。预计建成后年接待游客 2 万人次，实现农业收入 1.2 亿元，旅游收入 2.3 亿元。

（三）增信赋能，打通资源“沉淀化”堵点

长期以来，农业和生态经营主体通过依法有偿形式取得的承包权、种植权、养殖权、使用权等经营权，因生产经营资料难以确权登记，无法通过抵押等形式获得融资，造成资金沉淀，后续投资乏力。“两山合作社”立足这一堵点问题，联合财政、金融中心、银行、担保机构、评估机构进行金融创新，搭建绿色金融服务新平台，以担保、承诺收购、优先处置等形式，为主体增信，打通农业和生态经营主体融资贷款的堵点。政策性担保工具能够及时调整和创新财政资金的使用方式，通过协助政府搭建起合理的政银担分险机制，可将政府信用转化为资本信用，从而促进有限的政府资源在不同领域进行合理分配，以弥补“市场失灵”带来的矛盾。省农担在常山推进的政银担合作试点通过多方协同、相互赋能共赢，成功实现“两山合作社”生态价值转换。如“两山合作社”通过收储闲置民房的形式与腾云公司合作，由腾云公司导入流量并按照规划、设计、品牌等“九个统一”进行运营，财政对村庄基础设施建设提升给予全额补助。截至 2022 年 6 月，金源村吸引游客 12 万人次，带动 113 个村民就业，农产品

销售额达 500 余万元，实现村集体收入翻两番，村民创利 1 000 万元。

（四）利益共享，走好增收“合作化”道路

针对村级集体组织坐拥大量优势生态资源，“守着金饭碗没饭吃”的局面，“两山合作社”通过共享机制反哺村级集体经济组织，带动增收消薄。针对新昌乡生态资源分散、产业薄弱的难题，“两山合作社”联合浙能公司、10 个村集体三方共同出资 300 万元，成立富好公司（新昌支行），创新“公司＋农户＋基地”模式，发展月季、茭白、丝瓜络等特色产业。截至 2022 年 6 月，新昌支行已经收储闲置资源 1 395 亩，总价值 2.1 亿元，发放生态贷款 400 万元，带动全乡 2 700 户居民增收 562 万元。

（五）平台赋能，弥补产业“低端化”弱点

以“两柚一茶”为代表的农特产品一定程度上存在主体不强、链条不齐、层次不高等问题。“两山合作社”充分发挥农业产业投资银行的作用，引进龙头企业，进行农特产品深加工，打造知名鲜果品牌，带动农特产品价值提升。针对常山胡柚种植标准不一、果品质量不高、品牌效应不强等堵点，“两山合作社”联合村集体、强村公司、农业管理部门、供销社以及农业企业对果园进行统一种植、全流程管控，有效提升胡柚价值。联合江中制药、胡庆余堂等头部企业和鲜果类专业销售企业，加强“常山三宝”品牌建设，解决胡柚鲜果销售渠道单一、价格过低等问题。“两山合作社”以流转费给农户一次分配保底收益，以后续的增值收益二次反哺到农户，提升村集体造血功能，财政对主体土地大流转进行补助，已兑现补助资金 1 200 余万元。截至 2022 年 6 月，全县已经建成共富果园 10 个，累计产值 5 611 万元，带动 3 400 户农户增收 1 250 万元。

三、进一步完善“两山合作社”模式的思考

（一）明确改革攻坚新任务

全面摸清底数，实现资源资产数据化收集、可视化呈现、自动化更新、智慧化管理；同时，在“两山”转化模式提升、“两柚一茶”等特色资源转化、担保及司法公证创新、碳中和工作推进等方面，形成配套攻坚

改革事项清单，明确时间节点稳步推进。

（二）搭建资源交易新平台

以数字化改革为契机，以实物性资产和权益性资产为交易产品，搭建全流程数字化的生态资源交易中心。成立常山县生态资源资产交易中心和农村产权交易中心，进行实体化运营，实行流转交易、交易备案、竞拍等，通过交易中心对接市场，实现生态资源的价值增值和效益变现。

（三）打造农民增收新模式

以全县推广“两山合作社支行”、打造“共富果园”等方式，构建“经营主体＋‘两山合作社’＋村集体（强村公司）＋农户”紧密联结机制，以“小切口”为着力点，招引一批支撑性和带动力强的大项目、好项目，推进产村融合发展。同时，还要以示范带动效应，推动农业农村整体发展、整体提升，加快富民强村，推动共同富裕。

（四）提供金融服务新产品

加大对生态资源经营主体的支持力度，与金融机构探索生态权益、资产权益类抵、质押贷款新模式。财政、农商银行等多部门联合印发《常山县金融助力强村富民集成改革实施方案》，根据市场需求，通过部门联动，力促金融机构创新金融产品和服务模式，实现资源资本高效转化。

（五）助力乡村振兴新发展

在全省高质量推进乡村振兴、实现共同富裕的大背景下，依托省农担平台，加大创新“公司＋农户＋基地”模式，侧重“两柚一茶”、共富果园、共富菜园等融资增信服务，同时，支持创新全域旅游业发展，打造新民宿运营模式，持续精准助力县域现代农业高质量发展。